Nordwestküsten-Indianer

Peter R. Gerber • Georges Ammann

NORDWESTKÜSTEN-INDIANER

Zur Kultur, Geschichte und Gegenwartssituation

Materialien und Vorschläge für den Unterricht

Pestalozzianum Zürich
Völkerkundemuseum der Universität Zürich

Dem Andenken von Eva Bechtler-Vosečková gewidmet

Die Deutsche Bibliothek - CIP-Einheitsaufnahme

Nordwestküsten-Indianer : Zur Kultur, Geschichte und Gegenwartssituation ; Materialien und Vorschläge für den Unterricht / Pestalozzianum Zürich ; Völkerkundemuseum der Universität Zürich. Peter R. Gerber ; Georges Ammann. [Ill.: Märta Wydler. Red.: Thomas Hermann]. - Zürich : Pestalozzianum-Verl., 1997
  ISBN 3-907526-47-3

© 1997 Pestalozzianum Verlag Zürich

Redaktion:	Thomas Hermann, Pestalozzianum Verlag
Umschlagbild:	Raphael Volery, Zürich
Karte:	Andreas Brodbeck, Forch
Illustrationen:	Märta Wydler, Winterthur
Gestaltung Umschlag:	Rolf Weber, Lenzburg
Gestaltung Inhalt/ Produktion:	Vera Honegger, Pestalozzianum Verlag
Belichtungsservice:	Fotosatz Salinger AG, Zürich
Druck:	Fotorotar, Egg
Vertrieb:	Pestalozzianum Verlag, Beckenhofstrasse 33, CH-8035 Zürich

ISBN 3-907526-47-3 (Pestalozzianum Zürich)
ISBN 3-909105-33-5 (Völkerkundemuseum der Universität Zürich)

Inhalt

Vorwort

Zeitgleich mit dieser den Nordwestküsten-Indianern gewidmeten Publikation ist eine zweite über die *Prärie- und Plains-Indianer* erschienen. Im Unterschied zum Buch über die Prärie- und Plains-Indianer, das in einer überarbeiteten und teilweise stark erweiterten Fassung die längst vergriffene Erstauflage ersetzt, handelt es sich beim vorliegenden Buch über die Nordwestküsten-Indianer um eine Erstveröffentlichung.

Auch sie folgt im Wesentlichen dem im ersten Buch gewählten und zahlreichen Rückmeldungen zufolge bewährten Aufbau. So soll den Lehrpersonen unter Berücksichtigung des neuesten Forschungsstandes in zwei möglichst knapp gefassten Überblickskapiteln (vgl. S. 11ff.) jenes Hintergrundwissen vermittelt werden, das für eine eingehendere Beschäftigung mit den Nordwestküsten-Indianern im Unterricht unerlässlich ist. Selbstverständlich richten sich diese Kapitel auszugsweise oder ganz auch an ältere Schülerinnen und Schüler (ab etwa 7. Schuljahr), die sich mit dem Kulturareal der Nordwestküsten-Indianer befassen wollen.

Der anschliessende schulpraktische Teil umfasst zehn Unterrichtsthemen. In ihnen werden die materiellen Lebensgrundlagen der Nordwestküsten-Indianer wie Zeder und Lachs ebenso behandelt wie die in diesem Kulturareal verbreitete Wohnform des Plankenhauses. Aber auch die Gegenwartssituation der Nordwestküsten-Indianer kommt nicht zu kurz. Im Mittelpunkt der Betrachtungen steht der bedrohte Lebensraum, um den es vergleichsweise nicht besser bestellt ist als etwa um die bei uns viel bekanntere Urwaldschändung im Amazonasgebiet Brasiliens. Dass und wie sich die Ureinwohner/innen gegen Raubbau und soziale Ausbeutung zur Wehr setzen, wird an eindrücklichen Beispielen verdeutlicht.

Die Beschäftigung resp. Konfrontation mit der Gegenwartssituation der Nordwestküsten-Indianer konzentriert sich in diesem Heft jedoch nicht nur auf den massiv bedrohten Lebensraum, sondern richtet ihr Augenmerk auch auf andere Zusammenhänge. So wird bei der Behandlung des bedeutenden Kunstschaffens an der Nordwestküste neben dem traditionellen Stil, wie er z.B. in Totempfählen, Masken, auf Bentboxes oder Chilkatdecken so eigenständig beeindruckend in Erscheinung tritt, ebenso viel Wert auf die Vorstellung von zeitgenössischen Künstlerinnen und Künstlern gelegt, die sich dadurch auszeichnen, Tradition und Innovation in aussagekräftigen Kunstwerken verbinden zu können.

Den Abschluss macht das Thema «Musik» mit für dieses Kulturareal spezifischen Beispielen.

Bewusst weggelassen wurden in den vorliegenden Unterrichtsvorschlägen aus Verständnisgründen die für die Nordwestküste wichtigen Themen «Potlatch» und «Religion». Interessierte Lehrerinnen und Lehrer finden jedoch entsprechende Informationen im Überblick (vgl. S. 19ff. respektive S. 22ff.)

Dank

Auch dieses Heft verdankt seine ursprüngliche Entstehung einer Gruppe von drei Lehrerinnen (*Berti Möckli, Johanna Tremp, Renate Vogel*) und einem Lehrer (*Roly Brunner*), die sich unter der Leitung der leider 1985 viel zu früh verstorbenen Kunstethnologin Dr. *Eva Bechtler-Vosečková* sowie in enger Kooperation mit Dr. Peter R. Gerber (Völkerkundemuseum) und Georges Ammann (Pestalozzianum) in das Thema einarbeitete. Eine erste Erprobungsfassung war das Ergebnis der gemeinsamen Bemühungen.

Nach der Erprobungsphase mit einer zweiten Gruppe von Lehrer/innen gingen die beiden Herausgeber und Ko-Autoren daran, das ganze Heft gründlich zu überarbeiten und zu erweitern. Dabei übernahm *Peter R. Gerber* den fachlichen Teil und verfasste einen Überblickstext, in welchem er der «Geschichte und Gegenwartssituation» ebenso viel Raum gibt wie der Darstellung der «Kultur und Gesellschaft» der Nordwestküsten-Indianer. Zudem stammen die meisten Hintergrundinformationen im schul-praktischen Tei von ihm.

Für die Überarbeitung und Ergänzung der von der Arbeitsgruppe entworfenen Anregungen für den Unterricht, für die erweiterten oder neu verfassten Themen zur Nordwestküsten-Kunst sowie für die Lektorierung des ganzen Buches zeichnete *Georges Ammann* verantwortlich.

Neben der oben bereits namentlich erwähnten Arbeitsgruppe sei folgenden Personen der herzliche Dank der Herausgeber ausgesprochen: Den beiden wissenschaftlichen Zeichnern, *Märta Wydler* als Illustratorin und *Raphael Volery* als Maler des Titelbildes für die fruchtbare Zusammenarbeit; *Peter Nebel* und *Erich Frei*, Fotolabor des Völkerkundemuseums der Universität Zürich, für Dias und Repros; *Maximilien Bruggmann*, Yverdon, und *Fredy Brühlmann*, Weesen, für Dias und Fotos sowie die dazugehörigen Informationen; *Denise Daenzer*, Leiterin des Indianermuseums der Stadt Zürich, für die Erlaubnis, aus der Museumssammlung Ethnographika zu fotografieren; *Dr. Moritz Rosenmund*, wissenschaftlicher Mitarbeiter am Pestalozzianum im Fachbereich Schulpädagogik und Erwachsenenbildung, für seine Anregungen zur Behandlung der Gegenwartssituation, insbesondere aber auch *Vera Honegger*, Pestalozzianum Verlag, für ihren grossen Einsatz als Produktionsleiterin.

Im Juni 1997

Völkerkundemuseum der Universität Zürich:
Dr. Peter R. Gerber

Pestalozzianum Zürich
Fachstelle Schule & Museum:
Georges Ammann

Einführung

Die beiden nunmehr vorliegenden Publikationen über die Prärie- und Plains- respektive die Nordwestküsten-Indianer eröffnen den Benützerinnen und Benützern die Möglichkeit, das Thema Indianer differenzierter als vielerorts bisher üblich anzugehen und zu vertiefen. Schon ein kurzer Vergleich der Inhaltsverzeichnisse der beiden Hefte macht die Unterschiede deutlich, welche die Kulturareale der an der Nordwestküste beziehungsweise der in der Prärie und den Plains ansässigen indianischen Völker in der Vergangenheit bestimmten. Auch wenn die heutige Situation für die gesamte indianische Bevölkerung ungeachtet ihrer unterschiedlichen Herkunft ähnlich beschaffen ist, bleibt die Rückbesinnung auf die eigenen kulturellen Wurzeln für das Weiterbestehen und die Stärkung der Identität von höchster Bedeutung.

Differenzierung an Stelle von Vorurteilen

Dementsprechend gilt es, auch bei uns die leider immer noch verbreiteten Klischee-Vorstellungen eines Einheits-Indianers durch ein differenzierteres und damit realitätsnäheres Bild zu ersetzen. Dabei treten nicht nur in Bezug auf die materiellen Lebensgrundlagen wie Ernährung oder Wohnformen, sondern auch in Zusammenhang mit vielen anderen Äusserungen eine Vielfalt und ein Reichtum der indianischen Kulturen zutage, die unseren Umgang mit ihnen entscheidend verändern.

Eine klare Unterscheidung von einzelnen Kulturarealen, wie sie sich auf dem nordamerikanischen Kontinent durchaus überzeugend vornehmen lässt, trägt dazu bei, mit unzutreffenden, teils lieblosen und starr eurozentrisch geprägten Vorurteilen aufzuräumen. Längst nicht jeder Indianer wohnt in einem Tipi-Zelt, jagt Bisons oder tanzt um einen «Marter»-Pfahl herum. Im Gegenteil entwickelten die Völker, die in den Plains respektive an der Nordwestküste oder im Waldland lebten, je nach den Bedingungen ihrer Umwelt unterschiedliche Lebensformen und Verhaltensweisen, die sich durch eine je eigene kulturelle Identität auszeichneten.

Zusammen genommen bildeten all diese Identitäten eine kulturelle Vielfalt, die als untrügliches Kennzeichen von Intelligenz, Offenheit und dem Mut zu eigenen Lösungen gelten durften. Doch unter dem Einfluss der Weissen und ihrer gewalttätigen Unterdrückung gingen diese Identitäten in Brüche. Alkohol, Krankheiten, Seuchen und die überlegene Technik der Einwanderer taten ein Übriges zur Dezimierung der indianischen Bevölkerung, die in immer kleinere Reservationen zurückgedrängt wurde.

Erst in den 60er Jahren besannen sich die gnadenlos ausgegrenzten Ureinwohner wieder ihrer angestammten Rechte und setzten sich für deren Wiedererlangung ein, nicht ohne unter der Führung angesehener Persönlichkeiten dem Neuaufbau einer den heutigen Umständen angepassten Identität ihre volle Beachtung zu schenken.

Zum als notwendig erachteten Abbau von Ablehung und Intoleranz gehört stets auch, dass wir fremde Kulturen mit unseren eigenen Lebensformen und unserem eigenen Gedankengut in Beziehung setzen, um auf diese Weise unseren Standpunkt zu relativieren. Diese Einsicht scheint im Zuge der langjährigen Bemühungen von Einrichtungen wie dem Forum «Schule für eine Welt» (heute Teil der Stiftung «Bildung und Entwicklung») oder der Vereinigung «Incomindios» erste Früchte zu tragen.

Gegenwartssituation – ein zentrales Anliegen

Nichts wäre verfehlter, als die Beschäftigung mit indianischen Kulturen aus einer nur nach rückwärts gerichteten Perspektive zu betreiben. Nicht nur der Überlebenskampf der heutigen indianischen Bevölkerung auf der Suche nach ihrer Identität im Hier und Jetzt verpflichtet zu einer intensivierteren Auseinandersetzung mit der Gegenwartssituation. Ganz allgemein ist jede nostalgisch motivierte Rückbesinnung zu vermeiden, sollen nicht alte Vorurteile schönfärberische Auffassungen eines Lebens im beinahe paradiesisch anmutenden Urzustand weiter zementieren.

Vor allem gewisse massenmediale Produkte (z.B. Western-Filme und -Serien, Groschenhefte à la Buffalo Bill oder selbst der offenbar unverwüstliche Karl May) haben in unserem Jahrhundert zum Teil erheblich zur unreflektierten Tradierung und Verfestigung eines «falschen Bewusstseins» bezüglich indianischer Lebens- und Denkart beigetragen. Und selbst wenn heute im Zuge der grünen Bewegung eine an sich durchaus positive Neubewertung indianischen Gedankengutes eingesetzt hat, so darf auch hier die Gefahr einer allzu naiv gefärbten, eingleisigen Betrachtungsweise nicht ausgeschlossen werden.

Glücklicherweise finden sich jedoch immer häufiger Anzeichen einer ernsthaften, von stets breiteren Kreisen getragenen Aufklärung; nicht zuletzt dank Medienpädagogik, völkerkundlicher Ausstellungen und fachlich einschlägiger Verlagsprogramme werden die Verhältnisse mit Hilfe sorgfältiger Recherchen und unter Beizug von wahren Dokumenten ins richtige Licht rückt.

Dazu möchte das vorliegende Heft über die Nordwestküsten-Indianer ebenso wie sein Pendant über die Prärie- und Plains-Indianer seinen Teil beitragen.

Karte der Nordwestküste

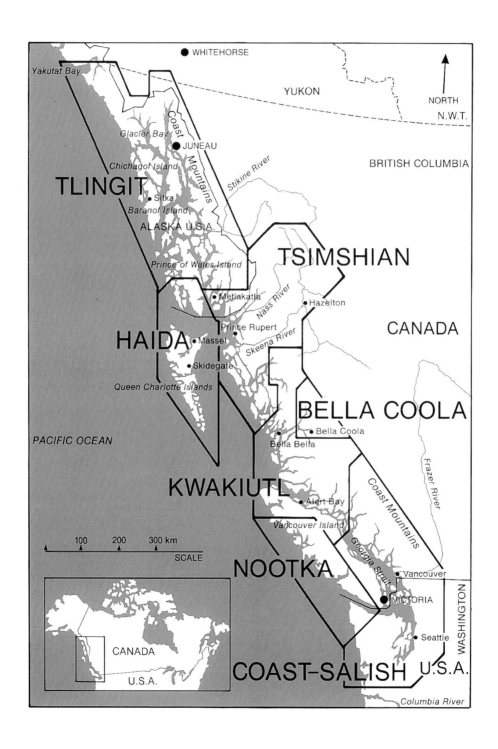

Kultur und Gesellschaft

Der Lebensraum

Das ethnographische Kulturareal der Nordwestküste Nordamerikas umfasst das Küstengebiet von der Yakutat Bay in Südost-Alaska bis hinunter zum Columbia-River, dem Grenzfluss zwischen den Bundesstaaten Washington und Oregon. Der warme Pazifik-Strom (Kuroshio) verursacht ein mildes, ozeanisches Regenklima (bis 650 cm Regen im Jahr). Die Küste ist geprägt von zahlreichen Inseln, Buchten, Fjorden, Untiefen und gefährlichen Meeresströmungen. Grosse Fischschwärme und zahlreiche Seesäuger in den Küstengewässern und Flüssen und eine reichhaltige Fauna und Flora auf dem Land bildeten günstige Voraussetzungen für eine wirtschaftlich gesicherte Existenz.

Die Völker

In der Tat findet man an der Nordwestküste zahlreiche, in sozialer und kultureller Hinsicht hoch differenzierte Volksgruppen. Als bedeutendste Völker sind von Norden nach Süden zu erwähnen: die Tlingit, die Tsimshian, die Haida, die Bella Coola, die Kwakiutl, die Nuu-chah-nulth (früher Nootka genannt) und die Coast-Salish. Südlich von ihnen, bis nach Nord-Kalifornien hinunter, lebten (und leben) Gemeinschaften, die oftmals zum gleichen Kulturareal gerechnet werden, weil sie einzelne Merkmale der gleichen Kulturform aufwiesen, vor allem im ökonomischen und materiellen Bereich (Fischerkulturen). Da sie aber auch stark von den beiden benachbarten Plateau- und Kalifornien-Kulturarealen beeinflusst waren, werden sie hier nicht berücksichtigt.

Der Begriff «Volk» steht für ein Gebiet, in dem verschiedene Gemeinschaften Sprachen der gleichen Sprachfamilie oder desselben Sprachzweiges sprechen. Die politischen Einheiten bestanden aus autonomen Dorfgemeinschaften unterschiedlicher Grösse, die manchmal mit benachbarten Dörfern Bündnisse eingingen oder mit ihnen verfeindet waren.

Auke-Bucht mit Mendenhall-Gletscher bei Juneau, Alaska

In auffallendem Kontrast zu den übereinstimmenden Aspekten des Kulturareals der Nordwestküste, vornehmlich im materiellen Bereich, steht die Vielzahl der Sprachen und Dialekte; neben fünf Sprachfamilien finden wir mehrere Dutzend Sprachen und Dialekte als Ausdruck der kulturellen Vielfalt. Die an der ganzen Nordwestküste Handel treibenden Chinook-Indianer entwickelten als Handelssprache eine Art «Lingua franca», bestehend aus Chinook- und Nootka-Wörtern, in historischer Zeit mit französischen und englischen Brocken ergänzt, was einen Wortschatz von 700–1200 Wörtern ergab. Vor der Ankunft der ersten Europäer im 18. Jahrhundert dürften in diesem Kulturareal nach neuesten Erkenntnissen insgesamt mehr als 120 000 Menschen gelebt haben.

Der Lebensunterhalt

Über die Lebensverhältnisse der Küstenbewohner berichten ältere ethnographische Quellen, dass das milde Regenklima den Menschen einen überaus fruchtbaren «Garten Eden» beschert habe; nur während vier Monaten im Sommer hätten die Indianer eine strenge Fischer- und Sammlertätigkeit auszuüben, um dann den Rest des Jahres dem Müssiggang und den vielen Festen zu frönen. Diese übertriebene Darstellung entsprach freilich keineswegs der Wirklichkeit, wie wir sie heute rekonstruieren können. Ebensowenig hatte der natürliche Reichtum eine egalitäre Gesellschaftsordnung zur Folge, wie wir sie bei Indianern immer zu finden glauben. Vielmehr gab es eine Adelsklasse, die über die Ressourcen verfügte und im Luxus schwelgte, während die Gemeinen und die Sklaven ein eher erbärmliches Leben fristeten.

Die Grundlagen für diese hierarchische Ordnung sind in den wirtschaftlichen Bedingungen zu suchen. Zahlreiche Meeressäuger – Buckel-, Fin-, Grau- und Schwertwal, Tümmler, Delphin, Walross, Seelöwe, Robbe und Seeotter – und Schwärme von Flunder, Heilbutt, Hering, Kabeljau, Kerzenfisch (Olach), Stint und Stör boten sich den Fischervölkern zur Jagd und zum Fang an.

Und alljährlich erreichten riesige Schwärme des pazifischen Lachses die Küstengewässer, um im Süss-

Buckellachs-Schwarm bei Sitka, Alaska

Kettle-Fälle des Columbia mit Colville-Salish beim Lachsfischen; Ölbild, 1841, des kanadischen Malers Paul Kane, 1810-1871

wasser der Flüsse und Seen zu laichen und zu sterben. Mit wenigen Ausnahmen steuert jeder Lachs genau den Fluss an, den er als Jungfisch 2–4 Jahre zuvor in Richtung Meer verlassen hatte – ein rätselhafter natürlicher Kreislauf.

Verschiedene Wasservögel sowie Festlandtiere wie Bären, Bergziegen, Rotwild und Elche bereicherten das Nahrungsangebot, lieferten aber auch Felle und Pelze. In den Wäldern gab es eine reiche Auswahl an Beeren, Nüssen, Pilzen, Wurzeln und Kräutern; bekannt war auch die sehr stärkehaltige Camasknolle. Allerdings diente die pflanzliche Nahrung nur zur Ergänzung der äusserst proteinreichen Grundnahrung. Gefischt wurde mit Netzen und Reusen, Angeln und Speeren; mit Harpunen, Lanzen und mit Bogen und Pfeil wurden Seesäuger gejagt.

Der Reichtum der gesamten Fauna war so gross, dass meistens angenommen wird, an der ganzen Nordwestküste habe niemals Hunger geherrscht. In der Mehrzahl aller ethnographischen Berichte ist nur von Überfluss die Rede. Langjährige Erfahrungen der Indianer und neuere ökologische Untersuchungen weisen darauf hin, dass die Küsten-Ökologie (Klima, Wassertemperatur) Schwankungen unterworfen ist, die zu unterschiedlichen Fischfangerträgen führen

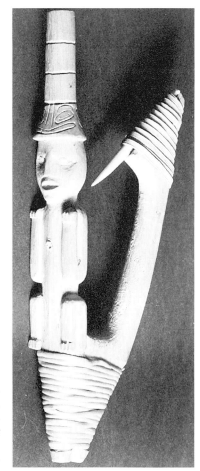

Heilbutt-Haken mit einer Cheffigur, die einen Potlatch-Hut mit Frosch-gravur trägt, Haida; Museum of Anthropology, Vancouver, BC

Ursprüngliche ethnographisch-sprachliche Gliederung des Kulturareals der Nordwestküste

«Volk»	Untereinheit («Stamm» u.a.)	Sprachfamilie [Sprachzweig]	Sprache oder Dialekt
Tlingit	Yakutat; Chilkat; Sitka; Stikine; und 12 weitere «Stämme»	Tlingit-Isolat	lokale Dialekte
Tsimshian	Nishga Gitksan Coast-Tsimshian südliche Tsimshian	Tsimshian-Isolat	River-Tsimshian Coast-Tsimshian Klemtu
Haida	Kaigani Masset u.a. Skidegate Haina u.a. Skedans u.a. Ninstints u.a.	Haida-Isolat	Northern-Haida } } Southern-Haida } Kunghit
Bella Coola	Bella Coola Tallio Kimsquit Kwatna	Salishan	Bella Coola
Kwakiutl	Haisla; Haihais, Bella Bella, Oowekeeno; südliche Kwakiutl (31 «Stämme»)	Wakashan [Kwakiutlan]	Haisla Heiltsuk Kwakiutl
Nuu-chah-nulth [Nootka]	nördliche, zentrale und südliche Nootka (zs. 22 «Stämme und Konföderationen») Makah	Wakashan [Nootkan]	Nootka Nitinaht Makah
Quileute	Chimakuan Chemakum	Quileute	 Chemakum
Coast-Salish	Comox; Pentlatch; Sechelt; Squamish; Halkomelem; Nooksack; Northern Straits Salish; Clallam; Southern (Puget Sound) Salish (49 «Stämme»); Quinault; Chehalis; Cowlitz	Salishan [Coast-Salish]	14 verschiedene Sprachen

kann. Für die Küstenbewohner bedeutete dies, dass Zeiten des Überflusses mit Zeiten des Hungers wechselten. Feuersbrünste und Überfälle feindlicher Nachbarn trugen zur Härte und Gefährlichkeit des Lebens bei. Im Mythos und in den mündlichen Überlieferungen ist nicht selten von Hungersnöten die Rede.

Die Nordwestküsten-Indianer haben neben den Inuit die raffiniertesten Konservierungstechniken entwickelt, und dies schon seit 2000 Jahren. Fischfilets wurden luftgetrocknet oder geräuchert, Fischrogen und Kerzenfische ihres Öles wegen in speziellen Ölpressen ausgepresst. Der ausgepresste Rogen wurde luftgetrocknet, geräuchert oder in Tiermägen zu einer käseartigen Delikatesse, zu Siwash, verarbeitet.

Man kochte entweder direkt über dem Feuer, wobei man Ton- und Steingefässe verwendete, oder man warf heisse Steine in Holz-, Rinden- und Korbgefässe, in denen so die Flüssigkeit zum Kochen gebracht wurde.

Der materielle Kulturbesitz

Die in diesem Gebiet weit verbreitete Zeder bildete die materielle Grundlage der Kultur der Nordwestküsten-Indianer. «Zeder» ist zwar die gebräuchliche, botanisch aber falsche Bezeichnung, weil sowohl die «Rote Zeder» als auch die «Gelbe Zeder» zur Zypressen-Familie gehören: Die Rote Zeder (Thuja plicata) wird wegen ihrer Grösse von bis zu 70 Metern und ihrem stolzen Alter von bis zu 1000 Jahren auch Riesen-Lebensbaum genannt; die Gelbe Zeder (Chamaecyparis nootkatensis) ist auch unter dem Namen Alas-

Erinnerungspfahl mit Tsonoquoa und Donnervogel; geschnitzt 1931 von Willie Seaweed, 1873–1967; auf dem Friedhof der Nimpkish-Kwakiutl in Alert Bay, BC

ka-Zypresse bekannt, weil sie bis hinauf nach Alaska anzutreffen ist.

Das Zedernholz lässt sich leicht bearbeiten und ist auch in einer feuchten Umgebung gut haltbar. Aus ihm schnitzten die Küstenbewohner grosse Plankenhäuser, bis zu 20 Meter lange Kanus, hohe Totempfähle, Gedenkfiguren, Masken, Rasseln und verschiedene Gebrauchsgegenstände wie Vorratskisten, Schüsseln, Esslöffel, Pfeifen usw. Diese Schnitzereien sind oft bemalt.

Schale aus Erlenholz für Tranöl in Form eines Seehundes, Haida; Völkerkundemuseum der Universität Zürich

15

Die Holzschnitzerei geht auf eine lange Tradition zurück – geschnitzt wurde zuerst mit Stein-, Knochen- und Muschelmessern sowie anderen einfachen Werkzeugen –, aber ihren eigentlichen Höhepunkt erreichte sie erst mit der Einführung von Eisenwerkzeugen im 19. Jahrhundert.

Neben der Zeder verwendeten die Nordwestküsten-Bewohner noch andere Holzarten sowie Knochen, Elfenbein, Kupfer, Argillitstein, Horn und zum Einlegen vor allem auch Muscheln.

Wie für fast alle Bereiche des Lebens lieferte die Zeder auch ein wichtiges Grundmaterial: Aus der faserigen Rinde stellten die Küstenvölker Kleider, Hüte, Decken und Matten her. Es gab aber auch Kleidungsstücke, die in einer einfachen Webtechnik aus Bergziegen- und Hundewolle gewoben wurden.

Die soziale Ordnung

Die soziale Ordnung der indianischen Völker an der Nordwestküste war sehr komplex und lässt sich

hier nur in ihren Grundzügen skizzieren. Eine horizontale Ordnung wurde durch die verwandtschaftliche Zugehörigkeit bestimmt, während eine vertikale Ordnung auf einer ausgeprägten Klassengesellschaft beruhte, die an die feudalen Zeiten in Europa erinnern.

Lineage und Klan

Nicht die Kernfamilie (Vater, Mutter, Kinder) wie in unserer Gesellschaft, sondern die lokale Lineage (Linie) bildete die wichtigste soziale Gruppe. In der Nordregion (Tlingit, Tsimshian, Haida und Haisla-Kwakiutl) war die Lokalgruppe identisch mit einer matrilinearen Lineage, d.h. in einem Dorf lebten z.B. ein Mann, sein mütterlicher Onkel, seine Brüder, seine Vettern mütterlicherseits (Mutter-Bruder-Söhne und Mutter-Schwester-Söhne), seine Söhne und schwesterlichen Neffen (Schwester-Söhne). Alle diese Männer und Knaben waren über die Mutterlinie miteinander blutsverwandt, bildeten die Lineage. Die angeheirateten Frauen und die eigenen Kinder gehörten nicht zur

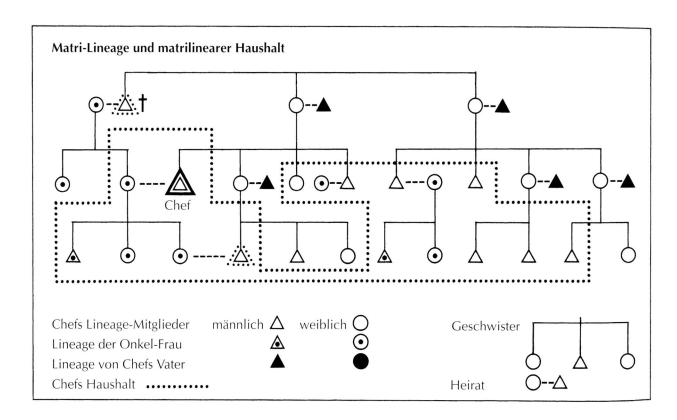

selben Lineage. Der mütterliche (älteste) Onkel spielte in dieser Ordnung die wichtigere Rolle als der leibliche Vater; der Mutter-Bruder war Erzieher und Vererber der Privilegien, letzteres vor allem gegenüber dem ältesten schwesterlichen Neffen.

Die Tlingit und Tsimshian kannten noch eine weitere Verwandtschaftsgruppierung: Mehrere Lineages bildeten zusammen einen Klan, also eine Verwandtschaftseinheit, die – über mehrere Generationen

zurückgerechnet – auf der mütterlichen Linie miteinander verwandt war. Die Tlingit teilten ihre 74 Klane – wie auch die Haida ihre 45 Lineages – in zwei sogenannte «Hälften» (Moieties), die dank der Exogamie-Regel (der Ehepartner musste aus der andern «Hälfte» stammen) in gegenseitigen Beziehungen standen und einander verpflichtet waren. Die nachstehende Tabelle zeigt den Aufbau in «Hälften» (Moieties) und Klane bei den Haida, Tlingit und Tsimshian.

Klane und Moieties

Haida-Moieties	Tlingit-Moieties	Tlingit: 74 Klane	Gitksan-Tsimshian: 4 Klane	Nishga-, Coast- + südl. Tsimshian: 4 Klane
Adler (23 Lineages)	Rabe (38 Klane)	38, u.a.: Frosch Gans Eule Rabe Lachs Seelöwe	Frosch (Rabe) Adler	Rabe Adler
Rabe (22 Lineages)	Wolf (Adler) (36 Klane)	36, u.a.: Alk Bär Adler Hai Schwertwal Wolf	Wolf Weidenröschen (Schwertwal)	Wolf Schwertwal

«Die vier vereinigten Klane» der Tsimshian – Wolf, Rabe, Adler, Schwertwal; Siebdruck im Stil einer Trommelmalerei von David Boxley, 1985; Metlakatla, Alaska

Wie auch immer die verwandtschaftliche Ordnung geregelt war, die Lokalgruppe hatte fürs Individuum die grösste Bedeutung. In ihr lebte und arbeitete man zusammen. Die Lokalgruppe verfügte über Fisch- und Jagdgründe, materielle Güter wie Häuser, Boote sowie über immaterielle Güter bzw. Privilegien wie Namen, Wappen, Tänze, Lieder, Rituale, Heilmethoden usw. Jede Gruppe hatte ihren eigenen Chef und war zuständig für die Rechtsprechung, für Krieg und Frieden.

Klassengesellschaft

Die Status-Hierarchie ist das auffallendste Element der Sozialordnung an der Nordwestküste. Innerhalb einer Lineage hatte jeder seine genau definierte Position mit entsprechenden Pflichten und Privilegien. Die Position war vor allem durch die verwandtschaftliche Nähe oder Ferne zum Lineage-Chef bestimmt, doch konnte ein erfolgreicher Krieger, Handwerker oder Künstler seine Position verbessern. Mit andern Worten: Die hierarchische Ordnung liess im begrenzten Rahmen – im Norden weniger, in der Südregion mehr – einen sozialen Aufstieg, aber auch einen sozialen Abstieg zu. Wenn mehrere Lokalgruppen zusammen kamen, z.B. im Winterdorf, waren die Lineages ebenfalls zueinander hierarchisch geordnet, was auch für die Rangpositionen der einzelnen Chefs galt.

Alle Lineages und die weiteren Sozialverbände waren hierarchisch gegliedert und in die Klassen der Adligen und der Gemeinen aufgeteilt. In einigen Gemeinschaften war die Klasse der Adligen noch unterteilt in eine Klasse der Familien mit Anrecht auf eine Chefposition und in die Klasse derjenigen Adligen ohne dieses Vorrecht. Unterhalb dieser Klassen existierten noch die Sklaven (meist Kriegsgefangene), die aus indianischer Sicht nicht zur menschlichen Gemeinschaft gehörten, sondern als Sachgut galten.

Zwischen 15 und 25% der Bevölkerung waren Sklaven und deren Kinder. Die meisten von ihnen wurden bei Kriegszügen aus ihren Dörfern verschleppt und dann versklavt. Um ihre Flucht zu verunmöglichen, wurden sie an entfernte Völker verkauft bzw. gegen andere Sklaven getauscht. Unter dem

Harold Jacobs, ein Künstler und junger Tlingit-Chef der Wolf-«Hälfte», in seinem Zeremonialkostüm: Wolf-Hut aus Zedernholz und Donnervogel-Chilkatdecke, 1985; Sitka, Alaska

Druck nicht bezahlter Schulden konnte eine Gemeinschaft auch eines ihrer Mitglieder in Sklaverei geben. Sklaverei brachte Schande über das Opfer wie über seine Herkunftsgemeinschaft, die sich in der Regel, vor allem bei einem hochrangigen Angehörigen, darum bemühte, ihn loszukaufen. Ein spezielles Reinigungsritual musste anschliessend helfen, die Schmach der Sklaverei «abzuwaschen».

Krieg und Krieger

Die recht hohe Sterblichkeit der Sklaven zwang zu immer neuen Kriegszügen. Die Kriege der Nordwestküsten-Völker wurden äusserst brutal und mit der eindeutigen Absicht geführt, entweder neue Territorien – Fisch- und Jagdgründe – zu erobern oder Güter und

Sklaven zu erbeuten. Die Krieger waren meist nieder-rangige junge Männer aus der Adelsklasse, die ihren «Beruf» nach der Lachssaison ausübten. Sie waren gut trainiert, listenreich, grausam und durften keinen Humor zeigen. Blutrache und Fehden waren weit verbreitet, wobei man vor der Ausrottung ganzer Dörfer nicht Halt machte. Erst die Dezimierung der Nordwestküsten-Völker durch die eingeschleppten europäischen Krankheiten und die harte Hand der englischen Kolonialmacht führten zur «Befriedung», wie es damals im politischen Jargon hiess.

Der Potlatch

... vor dem Kontakt mit Europäern

Die hierarchische Position war mit bestimmten Privilegien verbunden, die vererbbar waren. Der Anspruch auf eine bestimmte Position musste mit einem Geschenkverteilfest legitimiert werden, wobei die Gäste durch die Annahme der Geschenke sozusagen die «notarielle Beglaubigung» lieferten. Diese öffentliche Veranstaltung ist unter dem Chinook-Begriff «potlatch» (= geben) bekannt. Beim Potlatch handelt es sich um ein besonderes Kulturphänomen, das keine Parallelen in anderen indianischen Kulturen Nordamerikas aufweist. Allerdings ist bis heute nicht restlos geklärt, welche Funktion (Funktionen) der Potlatch in den einzelnen Kulturen spielte.

Wie bereits erwähnt, waren – vor allem in den südlicheren Küstenregionen (südliche Kwakiutl, Coast-Salish) – Hungerperioden nicht unbekannt. Eine der möglichen Funktionen des Potlatch bestand deshalb darin, den Austausch von Nahrungsmitteln gegen sogenannte Potlatch-Güter (Masken, Kupferplatten etc.) in ritueller Form durchzuführen. Dabei lieferte eine Lokalgruppe mit genügend Nahrungsmitteln einer hungernden Lokalgruppe die nötigen Esswaren, um als Gegenleistung Potlatch-Güter entgegenzunehmen. Ein Potlatch bot Gewähr für eine genaue Einhaltung der Gütertransaktion im Hinblick auf zukünftige Handelsbeziehungen.

Im Norden mit den hierarchisierteren Sozialordnungen spielte der Gütertausch eine weniger wichtige Rolle, weil bei Hungersnöten die machthabende Adelsklasse keinen Hunger litt; zu leiden hatten die niederklassigen Gemeinen und vor allem die Sklaven. Zudem konnte man immer noch benachbarte Dörfer überfallen und plündern. Der Potlatch diente hier weit mehr dazu, Ansprüche auf Rangpositionen, d.h. auf Macht, gewissermassen juristisch-politisch zu rechtfertigen. Darin bestand wahrscheinlich an der ganzen Nordwestküste die Hauptfunktion des Potlatch; die wiederholten öffentlichen Beglaubigungen der Sozialordnung hatten in diesen schriftlosen

Nootka greifen das Dorf Yennis der Klallam-Salish an; Ölbild, 1847, von Paul Kane

Sprecherstab eines Haida-Chefs mit Adler, Rabe und Wolf; Völkerkundemuseum der Universität Zürich

vor allem derjenigen eines zukünftigen Oberhauptes, führten Vater oder Onkel mütterlicherseits in regelmässigen Abständen einen Potlatch durch, um die Rechtmässigkeit der zukünftigen Rangposition des Kindes zu unterstreichen. Eine weitere Gelegenheit für einen Potlatch war die Heirat, wobei es hier um den feierlichen gegenseitigen Austausch von Geschenken zwischen den Familien von Braut und Bräutigam ging. Diese Potlatch-Variante diente also zur öffentlichen Bekräftigung der neu entstandenen Allianz zweier durch Heirat verbundener Gemeinschaften (Grossfamilien, Lineages, Klane).

Weitere Gelegenheiten ergaben sich beim Bau eines neuen Hauses, wobei die Verteilung der Potlatch-Güter einer Bezahlung für geleistete Arbeit gleichkam, bei der Errichtung eines Totempfahles (der Potlatch war in diesem Falle im Wesentlichen ein Erinnerungsfest an die Ahnen), beim Tod eines Hochrangigen (der Potlatch regelte gleichzeitig als Toten- und Ahnenfeier die Nachfolge), beim Kauf einer Kupferplatte (Potlatch als öffentliche und bezeugte Transaktion) und beim Verlust von sozialem Ansehen, wenn z.B. ein Familienmitglied versklavt wurde und zurückgekauft werden musste (der Potlatch diente zur Rückgewinnung des verlorenen Prestiges).

... nach dem Kontakt mit Europäern

In der Handelsperiode zwischen 1774 bis Mitte des 19. Jahrhunderts kam es zu diversen Erschütterungen der Sozialordnungen. Am stärksten wirkte sich die Dezimierung der Bevölkerung durch die eingeschleppten europäischen Krankheiten wie Masern, Pocken und Grippe aus, denen die Urbevölkerung aus Mangel an Abwehrstoffen wehrlos ausgeliefert war. Zum Teil wurde die Bevölkerung bis auf 10% der ursprünglichen Zahl reduziert. Die kulturell festgelegten Rangpositionen blieben aber bestehen, nur konnten sie nicht mehr von lebenden und von der Erbfolge klar bestimmten Personen besetzt werden. Das führte zu vermehrten Auseinandersetzungen um die Nachfolge und Besetzung vor allem von hohen Rangpositionen. Es entwickelte sich eine neue Variante, der sogenannte Rivalitäts-Potlatch.

Gesellschaften die Bedeutung von archivierten Dokumenten.

Um einen Rechtfertigungs-Potlatch durchzuführen, gab es spezielle Gelegenheiten und Anlässe im Leben des Einzelnen wie der Gemeinschaft. Bei der Geburt eines (ranghohen) Kindes fand ein Potlatch zur Namengebung statt. Im Verlauf der Kindheit,

Familie eines Nishga-Chefs mit Potlatch-Gütern; Photo um 1900; Gitlakdamix, BC

Diese Variante muss gleichzeitig mit der im 19. Jahrhundert sich wandelnden Wirtschaftsstruktur an der Nordwestküste gesehen werden. Immer mehr Weisse siedelten sich an der Westküste an, brachten die Geldwirtschaft mit und führten die Massenproduktion materieller Güter ein. Indianer erhielten so Gelegenheit, einen bezahlten Job zu ergreifen und sich mit dem verdienten Geld europäische Güter zu kaufen. Auch Gemeine konnten in kurzer Zeit zu «Neureichen» werden. So wurden denn an den Potlatch-Festen immer mehr europäische Güter angehäuft und verteilt, und «Neureiche» strebten nach hohen, unbesetzt gebliebenen Adelsrängen.

Stritten sich zwei Rivalen um einen hohen Rang, so musste der eine wie in früherer Zeit seinen Anspruch durch einen Potlatch bekräftigen. Er liess auf einen bestimmten Zeitpunkt einen Potlatch verkünden und lud seinen Rivalen mitsamt dessen Gemeinschaft dazu ein. Bis zum Tag des Potlatch produzierte die Gemeinschaft des Gastgebers eine Unmenge von Gütern und Nahrungsmitteln für die Beschenkung und Bewirtung der Gäste. Der herausgeforderte Rivale konnte nun entweder klein beigeben und auf den Rang verzichten oder einen Gegen-Potlatch ankündigen, bei dem er mit der Verteilung von noch mehr Gütern den Gegner zu übertrumpfen suchte.

So kam es gegen Ende des 19. Jahrhunderts zu einer «Überhitzung» des Potlatch-Systems, was sich in der Entwicklung zum Zerstörungs-Potlatch ausdrückte. Um einen Rivalen demütigen zu können, blieb als letzter Höhepunkt die Zerstörung sogenannter «coppers», Platten von ca. 75 cm Länge, die im 19. Jahrhundert aus kommerziell erhältlichem Kupferblech gehämmert wurden. Ein «copper» war so etwas wie eine Banknote von sehr hohem Wert. Indem der Potlatcher den «copper» mit einem Zeremonialhammer zerschlug, ins Feuer oder ins Meer warf, demonstrierte er seinen Reichtum.

Diese spektakulären Formen des Potlatch waren der kanadischen Behörde ein Dorn im Auge, weshalb sie im Zuge einer allgemeinen «Zivilisierungspolitik» die Durchführung weiterer Potlatch-Feste verbot. Von 1884 bis in die 1920er Jahre veranstalteten die Indianer im Geheimen weiterhin Potlatch-Feste, wurden manchmal dabei ertappt und bestraft und die Potlatch-Güter beschlagnahmt. Dabei gelangten besonders attraktive Masken nicht selten in Museen und gewannen so in den Augen der Indianer noch an Wert. Nach der Aufhebung des Verbotes 1951 entwickelte sich eine neue Variante, in der die ausgleichende Funktion des Potlatch – wie im Falle von Hungersnöten – sowie die indianische Identität gegenüber der

Potlatch-Kupferplatte eines Kwakiutl-Chefs mit Bären-Motiv, 48 cm; Indianermuseum der Stadt Zürich

Den Chefs der geladenen Gäste-Gruppen werden Ehrenplätze an der Front des Hauses zugewiesen. Der Gastgeber hält eine lange Willkommensrede, in der er die Gäste an die verschiedenen Heiratsallianzen erinnert, die ihnen Ehre bringen. Die eingeladenen Chefs erwidern mit Reden, in denen sie die Grosszügigkeit und Gastfreundschaft der Gastgeber unterstreichen. Es folgt eine Gedenkzeremonie für all jene, die seit der letzten Zusammenkunft verstorben sind. Damit endet der erste Teil der sogenannten «Zederrinden-Zeremonie».

Nun führen die Chefs des Gastgeberklanes den Friedenstanz in vollem Festornat auf. Ein übernatürliches Wesen erscheint und überreicht ein Geschenk. Einer der Chefs wird von den andern geneckt – früher wurde er gefoltert –, bis er zur Tür hinausflieht. Zwei verfolgen ihn und kehren mit seinem Kopfschmuck zurück. Dann ertönt ein Poltern an der Türe und ein grosses übernatürliches Wesen, z.B. ein Wal oder ein Meeres-Adler, erscheint und nimmt den Platz des gefoppten Mannes ein.

Am Schluss werden die Potlatch-Geschenke verteilt, zuerst an die Chefs der Gäste, dann an die Sänger, weiter an all diejenigen, welche dem Gastgeber geholfen haben, und schliesslich an alle übrigen Anwesenden. Die Potlatch-Geschenke sind im Gegensatz zum letzten Jahrhundert in Bezug auf Qualität und Quantität in der Regel bescheidener. Es handelt sich dabei z. B. um Wolldecken, Hemden und andere Kleidungsstücke, Geschirr und andere Haushaltsgeräte. Alle Beschenkten danken, die hochrangigen Gäste mit langen Reden. Zuallerletzt dankt der oberste Gastgeber allen Teilnehmerinnen und Teilnehmern des Potlatch-Festes.

«weissen» Kultur besonders unterstrichen wurden. Zudem sind im Verlauf der letzten zwei Jahrzehnte viele der beschlagnahmten Potlatch-Güter nach zähen juristischen Auseinandersetzungen den betroffenen Gemeinschaften wieder zurückgegeben worden; zum Teil sind sie nun in neuen Lokalmuseen zu bewundern.

Ein moderner Potlatch

Bei den Kwakiutl auf der Quadra-Insel (Cape Mudge) spielt sich ein moderner Potlatch etwa wie folgt ab: Ein Klan beschliesst einen Potlatch und führt umfangreiche Vorbereitungen durch (formelle Einladung der Gäste, Einrichten der Gastplätze etc.). Im grossen Gemeindehaus versammeln sich am Nachmittag des Potlatch-Tages die eintreffenden Gäste.

Religion

Die meisten Kulturen an der Nordwestküste kennen einen mythischen Schöpfergott oder ein Schöpferwesen, das den Menschen, die Erde und den ganzen Kosmos geschaffen hat, doch spielt dieses Wesen im religiösen Leben keine besondere Rolle.

Tiergeister und Dämonen

Bedeutungsvoller sind hingegen die vielen Geistwesen oder niederen Gottheiten, die meist in Tierform erscheinen. Fast jede Kultur hat ihre eigenen Tiergeister und mythischen Figuren, aber nur wenige fanden weite Verbreitung, wie zum Beispiel der Rabe Yel, der eine Mischung aus Till Eulenspiegel und Prometheus darstellt. In der Religionsethnologie würde man von einer Trickster-Figur, einem «göttlichen Schelm» sprechen. Rabe Yel hatte in Urzeiten die Menschen aus einer Muschel befreit und ihnen viele Kulturgüter wie das Feuer, den Lachs und anderes mehr gegeben, doch verübte er immer wieder viele Streiche und Untaten, die in endlosen Mythen von Generation zu Generation weitererzählt wurden, ähnlich wie bei den Plains-Indianern Geschichten über den Koyoten.

Der Donnervogel ist ebenfalls weiterum bekannt; er ist riesengross und vertilgt ganze Schwertwale als Nahrung. Mit seinen Augen schleudert er Blitze, mit seinen Flügeln donnert er.

Auf lokaler Ebene existierten unzählige Gottheiten und Dämonen, wie beispielsweise Wigit bei den Haida, der die Lebensdauer der Menschen bestimmte, indem er bei der Geburt aus einem Bündel Hölzchen blind eines zog. Die Länge des Hölzchens gab die zu erwartende Lebensdauer an. Die Kwakiutl fürchteten die riesige Waldfrau Tsonoquoa, die in ihrem Korb kleine Kinder sammelte, um sie dann zu Hause zu verspeisen. Kwakiutl-Kindern, die nicht gehorchen wollten, drohte man mit Tsonoquoa.

Die wohl wichtigste und verbreiteste Tiergeistvorstellung verkörpern die unsterblichen Lachsmenschen. Der natürliche Kreislauf des Lachses fand an der ganzen Küste eine besondere Beachtung, wie die Mythologie und das Zeremonialleben belegen. Die Lachse galten als menschliche Meeresbewohner, die weit draussen im Pazifik in einem grossen Haus wohnen. Im Frühling kleiden sie sich in ihre Lachskleider, schwimmen an die Küste und die Flüsse hinauf, um sich den Menschen als Nahrung anzubieten. Erschienen die ersten Lachse an der Küste, begrüsste man sie feierlich und führte spezielle Zeremonien durch, um die Lachsmenschen günstig zu stimmen und viele von ihnen auf den Weg zur Küste zu leiten.

U'mista-Kultur-zentrum der Nimpkish-Kwakiutl; rekonstruierte Front eines alten Chefhauses mit Donnervogel und Schwertwal; Alert Bay, BC

«Lachs»-Wappen-brett; Reliefschnit-zerei von David Boxley, 1985; Metlakatla, Alaska

Um den Kreislauf zu garantieren, haben die Menschen die Fischskelette wieder ins Wasser zurückzuwerfen, damit diese ins Meer gespült werden. Dort, im grossen Meereshaus, können sich die Skelette wieder in Lachsmenschen verwandeln – der Kreislauf kann im nächsten Jahr von vorne beginnen.

Es versteht sich von selbst, dass diese Lachswesen bei guter Laune gehalten werden mussten, weshalb die Indianer eine Fülle von Verhaltensvorschriften und Zermonien zu befolgen hatten. So verwundert es nicht, dass sie den ersten Weissen keine Lachse verkaufen wollten, weil sie befürchteten, die Lachswesen könnten verärgert werden, wenn sie von den Weissen in Unkenntnis der Tabus und Vorschriften nicht richtig behandelt würden.

Wichtig war zu Beginn der Lachsfangzeit die «Zeremonie des ersten Lachses»: Besonders privilegierte Männer fingen die ersten Lachse, welche wie Potlatch-Gäste behandelt wurden. Man «wies» ihnen Ehrenplätze im Haus zu, setzte ihnen Ehrenhüte auf; es folgten feierliche Ansprachen und man verteilte den «Gästen» Geschenke. Dann wurden die Lachse rituell verspeist und zwar so, dass die ganzen Gräte mitsamt Kopf und Schwanz in einem Stück übrigblieben, die dann ins Meer zurückgeworfen wurden, damit die «Gäste» wieder nach Hause zurückkehren konnten.

Der Schutzgeist

Die Tiergeistvorstellung und die beschriebene Zeremonie zeigen, dass an der Nordwestküste die «Religion» das ganze Leben durchdrang und viele Tabus, Gebote und Vorschriften den Alltag bestimmten. Individuelle Schutzgeister, meist in Tiergestalt, halfen dem Menschen, die Gefahren von Tabuverletzungen und des Lebens überhaupt besser zu meistern. In den einen Kulturen suchte man sich seinen Schutzgeist durch Fasten oder Kasteiungen ganz individuell, in andern waren die Schutzgeister identisch mit dem Schutzgeist oder Totemtier einer Familie, Lineage oder Geheimgesellschaft und wurden vererbt. Zum Teil allmonatlich nahm man rituell Kontakt mit seinem Schutzgeist auf: Man badete viermal, übte sexu-

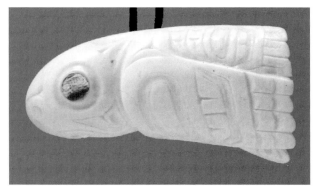

Schamanen-Amulett aus Elfenbein mit Seeadler-Motiv, Tsimshian (?); Indianermuseum der Stadt Zürich

elle Abstinenz und ass nur getrocknete Nahrung; dann war man rein, um im Kontakt mit seinem Schutzgeist dessen Kraft für die Jagd, für einen Kriegszug oder für Krankenheilung zu erlangen.

Schamane und Schamanin

Zu einem Grundzug der Religion der Nordwestküsten-Kulturen gehörte der Schamanismus, über den wir allerdings recht mangelhafte Kenntnisse haben. Schamane kann ein weibliches oder männliches Mitglied aus den tief- oder mittelrangigen Schichten werden. Halluzinationen und oft schwere Krankheiten kündeten die Berufung zu diesem ärztlichen und seelsorgerischen Dienst an der Gemeinschaft an. Vor allem die Krankenheilung, wofür man Prestige erwarb und bezahlt wurde, war die wichtigste Aufgabe der Schamanen. Es wurden drei Krankheitstypen unterschieden:

– Seelenverlust: Die Therapie erfolgte durch eine dramatisierte Reise des Schamanen ins Land der Seelen, wo er die verlorene Seele zu finden und sie zum Patienten zurückzubringen versuchte.

– Fremdkörper im Patienten: Ein von einem übelwollenden Geist oder böswilligen Schamanen verpflanzter, krankmachender Fremdkörper wurde vom heilenden Schamanen aus dem Leib des Patienten entfernt, indem er etwa diesen Fremdkörper heraussaugte und dann vernichtete.

– Geisteskrankheit: Ein Mensch erkrankte seelisch-geistig, wenn er ein Tabu brach oder von einem gefährlichen Geist besessen wurde. Mittels einer dramatischen Heilungszeremonie versuchte der Schamane, die Tabuverletzung wieder gutzumachen bzw. den Geist zum Verlassen des Menschen zu bewegen.

Schamanen konnten neben diesen Handlungen, die mit westlichen Psychotherapie-Formen vergleichbar sind, auch kleinere Verletzungen mit Heilkräutern behandeln oder Knochenbrüche richten. Im Weiteren hatten sie Einfluss auf das Wetter, verfügten über die Gabe, in die Zukunft zu sehen, und waren noch zu vielem anderen fähig, nicht zuletzt dazu, andern Menschen mit Analogie-Zauber Schaden zuzufügen.

Kleine Holzfigur, die einen singenden und rasselnden Tlingit-Schamanen darstellt; Sheldon Jackson Museum, Sitka, Alaska

(Unter Analogie-Zauber versteht man den Vorgang, bei dem das Opfer z.B. dieselbe Krankheit erleidet, die der Schamane einer Puppe, die das Opfer symbolisiert, zuvor übertragen hat.) Deshalb waren Schamanen sowohl angesehen als auch gefürchtet. Waren sie besonders erfolgreich, stiegen sie im sozialen Rang ähnlich wie Krieger, Kanuhersteller oder Holzschnitzer bzw. Künstler.

Winterzeremonien

Vom November bis März dauerte die heilige Winterzeit, in der die kollektive Arbeit (Fischen, Jagen etc.) ruhte. Es war die Zeit, in der alle Geistwesen die Menschen besuchten und alle wichtigen Zeremonien stattfanden. Die soziale Ordnung wurde sozusagen aufgehoben; anstelle der Lineages, Klane oder anderen Sozialeinheiten traten die Geheimbünde. Dies betraf vornehmlich die Adelsklasse; die Gemeinen waren nur als Zuschauer bei den öffentlichen Festen und Zeremonien geduldet.

Die Geheimbünde setzten sich aus Mitgliedern mit demselben Schutzgeist zusammen. Die Adelsklasse war aufgeteilt in die initiierten Mitglieder der Geheimbünde und in die Gruppe der Nichteingeweihten. Bei den Zeremonien etc. wurde immer eine komplizierte Sitzordnung eingehalten; Tänze wurden aufgeführt und eigentliche Dramas für die Initiation der Neumitglieder gespielt.

Auch die Geheimbünde waren innerhalb ihrer selbst und im Verhältnis zueinander hierarchisch gegliedert. Bei den Kwakiutl nahm der Hamatsa-Bund den höchsten Rang ein. Er wurde auch als Kannibalen-Bund bezeichnet, obwohl Kannibalismus offenbar nicht existierte. Dem Hamatsa-Bund gehörten die ranghöchsten Lineage-Chefs und die einflussreichsten Schamanen an.

Heutzutage werden die Winterzeremonien und ebenso die Potlatch-Feste nach jahrzehntelangem staatlichem Verbot wieder durchgeführt, allerdings in vereinfachter Form und vor allem unter Verzicht auf die vielen technischen Tricks wie versteckte Falltüren, raffinierte Licht- und Stimmeneffekte u.a.m., mit denen man früher die nichtsahnenden Zuschauer beeindruckte. Heute können alle mittanzen, musizieren und singen oder als Schauspieler/innen in einem mythischen Drama auftreten. Allerdings bemühen sich immer mehr Indianer/innen um die neuerliche Wahrung traditioneller Regeln, wie die des vererbten Besitzes von Masken oder die des ausschliesslichen Aufführungsrechtes für Tänze und Lieder.

Hamatsa-Vogelmaske mit beweglichem, gekrümmtem Schnabel, Kwakiutl; dieses Vogelmonster dient dem Kannibalenungeheuer aus dem Norden, Bakhbakwalanooksiwey, in bestimmten Winterzeremonien; U'mista-Kulturzentrum, Alert Bay, BC

Geschichte und Gegenwartssituation

Von der Urgeschichte bis zur Unterdrückung

Ursprünge

Dem indianischen Mythos zufolge setzte der Schöpfer vor Urzeiten seine Geschöpfe an der Küste aus, die so zum Lebensraum der ersten Menschen wurde. Im Schöpfungsmythos der Haida spielte zudem der «göttliche Schelm», der Rabe Yel, eine besondere, gewissermassen «erweckende» Rolle:

«Rabe Yel trollte eines Tages gelangweilt am Strand entlang. Gereizt rief er gen Himmel und zu seiner Überraschung bekam er Antwort, allerdings nur ein dumpfes Gekrächze. Er schaute neugierig umher und erblickte zu seinen Füssen eine riesige Muschel. Sie öffnete sich einen Spaltbreit, und er sah, dass sie voll kleiner Geschöpfe war, die ängstlich herausschauten. Yel freute sich ob der Zerstreuung und begann mit der sanften Zunge eines Ränkeschmiedes zu locken und zu drängen, die Muschelbewohner möchten doch herauskommen und mit ihm spielen. Es dauerte gar nicht lange, da wagte sich ein Wesen nach dem andern aus der Muschel hinaus, scheu und sehr schreckhaft. Es waren sonderbare Geschöpfe: zweibeinig wie Rabe Yel, aber ohne glänzendes Gefieder, nur mit blasser Haut bedeckt, nackt, bis auf ihr langes, schwarzes Haar auf dem runden, schnabellosen Kopf. Anstelle von Flügeln hatten sie stockartige Anhängsel. Doch Yel war sehr zufrieden und vergnügte sich mit seine neuen Spielgefährten – den ersten Menschen.»

«Wir waren schon immer da», sagen deshalb die Nachfahren der «ersten Menschen» heute. Archäologische Befunde bestätigen eine mehrtausendjährige Präsenz. Wann die Besiedlung der Nordwestküste stattfand, ist noch nicht völlig geklärt. Einige neuere, spektakuläre Funde weisen sowohl auf eine Zeit vor 12 000–15 000 Jahren hin; gleichzeitig legen sie den Schluss nahe, dass die Einwanderer aus mindestens

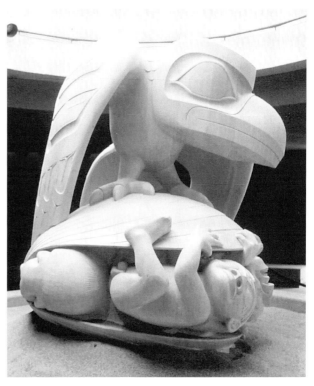

Rabe Yel befreit die Menschen aus der Muschel; zwei Meter grosse Skulptur aus Zedernholz, die der Haida-Künstler Bill Reid 1980 für das Museum of Anthropology in Vancouver schuf

zwei Richtungen kamen: Einerseits gelangten nomadisierende Jägergruppen aus dem sogenannten Plateau-Gebiet oder Columbia-Becken im heutigen Bundesstaat Washington an die Küste, breiteten sich nach Norden aus und wandelten sich mit der Zeit zu Fischergemeinschaften. Zu den Abkömmlingen dieser Siedler sind vermutlich die Tsimshian zu rechnen. Andererseits waren es wahrscheinlich die Vorfahren der Tlingit, Haida und vielleicht sogar der Kwakiutl, Nuuchah-nulth und Coast-Salish, die in meerestüchtigen Booten von Alaska der Küste entlang nach Süden vorstiessen.

Erste Kontakte

Obwohl einige Wissenschafter von möglichen, vorgeschichtlichen Kontakten der Nordwestküsten-Indianer zu Völkern in Ostasien, Südamerika und auf den pazifischen Inseln sprechen, erfolgten die ersten nachweislichen Kontakte zu nicht-indianischen Völkern erst Mitte des 18. Jahrhunderts, als europäischen Seefahrer die Küste erkundeten. 1741 segelten der Däne Vitus Bering, der im Dienste des russischen Zaren stand, und der Russe Alexei Chirikov der Südküste Alaskas entlang bis ins Gebiet der Tlingit. Die ersten Kontakte waren offenbar eher feindlicher Art; Chirikov verlor zwei Beiboote und liess sich von zwei Kriegsbooten der Tlingit zur Rückkehr bewegen. Vitus Bering landete auf der Kayak-Insel, wo er zwar Spuren von Besiedlungen, aber keine Menschen fand. Auf der Rückfahrt nach Sibirien kenterte sein Schiff,

Neben dem Seeotter wurde auch der Seehund wegen seines Felles gejagt. «Seehund», Detail eines Siebdrucks von Susan A. Point, Künstlerin der Musqueam-Salish, 1985; Vancouver, BC

und er verlor sein Leben. Überlebende seiner Mannschaft strandeten auf der Commander-Insel und fingen dort Seeotter, deren Felle in Sibirien guten Absatz fanden.

Der offenkundige Fellreichtum der Nordwestküste lockte weitere Seefahrer an. Der Spanier Juan Perez drang von Süden her bis ins Gebiet der Nuu-chah-nulth vor; von 1774 bis 1790 erhoben die Spanier Anspruch auf die Nordwestküste, die dann allerdings den Engländern überlassen werden musste. Im Jahr 1778 gelangte James Cook auf seiner 3. Reise, von Hawaii kommend, an der Nordwestküste ins Gebiet der Vancouver-Insel, womit die koloniale Herrschaft Englands an diesem Küstenstrich ihren Anfang nahm.

Handel

Das erste wichtige Handelsgut waren Felle, vorab Seeotterfelle, die in China, ähnlich wie die Biberfelle in Europa, sehr begehrt waren und die treffende Bezeichnung «weiches Gold» erhielten. Dieser «Goldrausch» ging freilich schnell vorüber, war doch der Seeotter um 1830 beinahe ausgerottet; neue indianische Handelsgüter kamen auf, vor allem Kunstgegenstände. Die Holzschnitzkunst – und bei den Haida ab 1820 die Schnitzereien aus Argillitstein – nahm dank der metallenen Schnitzwerkzeuge einen grossen Aufschwung. Ab 1840 pflanzten die Haida Kartoffeln an, andere Völker schlossen sich diesem neuen Brauch an; so wurde auch die Kartoffel ein begehrtes Handelsprodukt ...

Die Indianer ihrerseits erwarben von den Weissen vorerst Waffen und metallene Pfeilspitzen, Werkzeuge und Geräte, später Zucker, Rum, europäische Kleider und Decken, gegerbtes Leder, Segel und nicht selten Sklaven. Sie erwiesen sich als harte und mitunter gewalttätige Händler, die sich nichts aufschwatzen liessen und den Wert ihrer Ware wohl einzuschätzen wussten. Auch wehrten sie jeden Versuch militärischer Beherrschung erfolgreich ab. Allerdings war zu jener Zeit keine der europäischen Kolonialmächte an einer Landnahme im grossen Stil interessiert; man begnügte sich damit, ab ca. 1820 Handelsposten entlang der Küste zu errichten, einige unter dem Schutz

Argillit-Totempfahl aus dem letzten Jahrhundert; Bär, Rabe, Frosch, Chef, Donnervogel mit Schwertwal, 36 cm; Museum of Anthopology, Vancouver, BC

Unterdrückung

Die ersten 100 Jahre waren also geprägt von einem immer intensiver werdenden Handel zwischen den souveränen indianischen Gemeinschaften und den weissen Händlern und Handelskompanien. Als sich 1871 British Columbia als Provinz dem jungen Staat Kanada anschloss, änderte sich die Kontaktform stark. Bundesstaatliche «Indian Commissioners» und Missionare nahmen – unter dem Schutz der Bundespolizei (RCMP – Royal Canadian Mounted Police) – starken Einfluss auf die Nordwestküsten-Kulturen: Sie schafften die Kriege und die Sklaverei ab, verboten die Vielehe, den Potlatch, das Schamanentum und die Winterzeremonien.

Nicht nur diese staatlichen Massnahmen erschütterten das ganze Kulturgefüge in den indianischen Gemeinschaften. Vor allem der enorme Bevölkerungsschwund aufgrund der eingeschleppten Krankheiten brachte die Nordwestküsten-Völker an den Rand der existentiellen Vernichtung. Bis 1862 hatten Masern, Mumpf, Windpocken, TB, Alkoholismus und kriegerische Auseinandersetzung mit Weissen und untereinander die Völker graduell dezimiert. Zwischen 1862 und 1864 wütete eine Pockenepidemie, der mehr als ein Drittel der indianischen Urbevölkerung zum Opfer fiel. Dabei trugen skrupellose Händler zur Ausbreitung der Seuche bis in entlegenste Dörfer bei, indem sie infizierte Kleider und Decken an die ahnungslosen Bewohner verschenkten oder verkauften. Ein Beispiel: Die Kwakiutl zählten um 1835 ca. 11 800, 1885 noch 3 000 Köpfe und erreichten mit 1 854 Angehörigen 1929 den zahlenmässigen Tiefststand. Heute ist ihre Bevölkerungszahl auf 4 000 angestiegen.

Die Ersten Nationen

Widerstand

Trotz all dieser Zerrüttungen, Verboten und «Zivilisierungsmassnahmen» war der Widerstandswille ungebrochen. Die im Vergleich zu andern indianischen Gesellschaften in Nordamerika starken und effizien-

von Forts. Ab 1821 dominierte die Hudson's Bay Company, eine englische Handelsgesellschaft, den gesamten Handel. 1839 pachtete sie das Küstengebiet von Russisch-Alaska bis 1867, als Alaska von den Russen an die USA verkauft wurde.

ten Sozialordnungen an der Nordwestküste bildeten einen wesentlichen Faktor dieses Widerstandes. Die Indianer kämpften vor Gerichten um Landansprüche oder mit Streiks um ihre Arbeitsplätze, als um die Jahrhundertwende die indianischen Arbeiter in den Konservenfabriken durch Japaner ersetzt werden sollten. 1931 wurde die Native Brotherhood of Britisch Columbia (NBBC) als politische Dachorganisation der Nordwestküsten-Indianer gegründet. 1936 erfolgte durch die Kwakiutl die Gründung der Pacific Coast Native Fishermen's Association (PCNFA) als eigentliche Gewerkschaft, die sich nach dem Zusammenschluss mit der NBBC ab 1942 hauptsächlich für Fischereirechte einsetzte, da die Fischgründe entlang der Küste von den russischen und japanischen Fabrikschiffen überfischt wurden.

Der indianische kommerzielle Fischfang war und ist heute noch bedroht, sowohl durch weisse Sportfischer als auch durch die Provinzbehörden von British Columbia, so dass der Fischfang als Lebensunterhalt für die wachsende Bevölkerung bald nicht mehr genügt. Ausser in Konservenfabriken finden die Nordwestküsten-Indianer ihren Lebensunterhalt als Holzfäller, in den Holzverarbeitungs- und Zellulosefabriken, oder sie wandern in die Städte ab, wo sie wegen

mangelnder Schul- und Berufsbildung und aufgrund der Diskriminierung oft arbeitslos bleiben und dem Alkohol und der Prostitution verfallen.

Die rechtliche Bevormundung

Seit der Schaffung der Dominion von Kanada 1867 kämpfen die Ureinwohner um ihr Selbstbestimmungsrecht, das ihnen vor allem mit einem speziellen Gesetzeswerk, dem «Indian Act» (Indianer-Gesetz) von 1876 aberkannt wurde. Auch die vormals stolzen Völker der Nordwestküste wurden zu Staatsmündeln degradiert, wogegen sie, wie oben angedeutet, anhaltenden Widerstand leisteten. Erst 1951 wurde der Indian Act in wesentlichen Aspekten revidiert, wobei verschiedene Verbote, wie z.B. gegen den Potlatch, aufgehoben wurden.

Eine grundsätzliche Revision des Indian Act steht aber weiterhin aus. Weil nun auch die UNO, vertreten durch die Menschenrechtskommission, an diesem Gesetzeswerk Kritik übte, sind inzwischen einige der stossendsten Bestimmungen aufgehoben worden. So verlieren Frauen ihren besondern Rechtsstatus als Indianerinnen nicht mehr, wenn sie einen Weissen heiraten. Indianische Kinder dürfen nicht mehr aus ihren

Zellstoffabrik nahe der Siedlung der Mowachaht-Nuu-chah-nulth, 1985. Die Folgen der Holzindustrie: Die Luftverpestung lässt die Wälder sterben, und die Wasserverschmutzung vergiftet die Fischgründe; Gold River, Vancouver-Insel, BC

Die Ureinwohner heute

	Südost-Alaska	BC-Küste	Washington
Bevölkerungszahl 1990	15 000	52 000	7 000
Reservationen	1[1]	873[2]	17
Landfläche in km^2	1120[3]	827	780
First Nations	12[4]	108	17

1 Metlakatla-Reservation auf der Annette-Insel an der Grenze zu British Columbia: 1887 von der US-Bundesregierung einer Gruppe von Coast-Tsimshian zur Verfügung gestellt.
2 Zwischen 1850 und 1854 wurden zwischen dem englischen Gouverneur und Gemeinschaften im Südteil der Vancouver-Insel 14 Land-Verträge abgeschlossen. Seit dieser Zeit gab es aber in ganz British Columbia weder «Indianer-Kriege» noch andere Formen der Landregelung, also auch keine weiteren Landabtretungs- und Reservationsverträge. Hier handelt es sich um zum Teil sehr kleine Landstücke mit Reservationsstatus; die 108 First Nations ('bands') verteilen sich auf 160 Siedlungen.
3 Auch in Alaska gibt es mit einer Ausnahme keine Reservationen. Es handelt sich bei dieser Fläche um Gebiete, die zur wirtschaftlichen Nutzung der SEALASKA-Korporation der Tlingit und Kaigani-Haida treuhänderisch übergeben wurde gemäss des Alaska Native Claims Settlement Act von 1971.
4 Die SEALASKA-Korporation umfasst 11 Tlingit-Siedlungen und die Tsimshian-Gemeinschaft von Metlakatla.

Familien herausgerissen werden, um an weisse Familien ins Pflegeverhältnis oder zur Adoption gegeben zu werden, wodurch sie früher ebenfalls ihren Indianer-Status verloren.

Das Selbstbestimmungsrecht

Es waren immer wieder die Nordwestküsten-Indianer, die an vorderster Front für ihr Selbstbestimmungsrecht kämpften. So auch Ende der 70er Jahre, als darum ging, die Existenz der Ureinwohner – Indianer, Inuit und Métis – in der neuen kanadischen Verfassung von 1982 ausdrücklich zu erwähnen. Damit wollten sie verfassungsrechtlich dokumentieren, dass sie Teil des vielbeschworenen «kulturellen Mosaiks» von Kanada sind.

In ihrer Auseinandersetzung mit der modernen Zeit und der Realität eines weissen Kanadas (und der USA) wird ein zunehmendes Selbstbewusstsein sichtbar, nachdem über 100 Jahre lang auf dieses Selbstvertrauen in zerstörerischer Absicht eingewirkt worden ist. Das Resultat ist deshalb erschütternd:

1983 wurde in einer parlamentarischen Untersuchung im Vergleich zum kanadischen Landesdurchschnitt festgestellt, dass

– die Säuglingssterblichkeit bei den Indianern 60% höher ist,
– nur 20% der Indianerkinder die Oberschule abschliessen gegenüber 76% aller Kinder,
– die Selbsttötungsrate dreimal so hoch ist und sich die Mehrzahl der Fälle im Alter von 15 und 24 Jahren ereignen,
– die Arbeitslosigkeit je nach Gebiet 35–90% beträgt (im Landesdurchschnitt rund 10%).

Dies sind Verhältnisse, wie sie in der Dritten Welt herrschen und die dem kanadischen Staat und seinem «Indianer-Departement» kein gutes Zeugnis ausstellen.

Um diese Verhältnisse verbessern zu können, fordern die Ureinwohner Kanadas (und der USA) – also nicht nur die Nordwestküsten-Indianer – die Anerkennung ihrer Jagd- und Fischereirechte sowie die Sicherstellung einer ökonomisch ausreichenden Landfläche. Es waren die Nishga, die mit einem fast 90 Jahre dauernden Rechtsstreit um ihr traditionelles Territorium einen Durchbruch in der kanadischen Indianer-Politik erzielten. Das Bundesgericht verneinte 1973 den Anspruch der Nishga auf dieses Gebiet, er-

David Boxley lehrt das Freifach «Kultur der Tsimshian» in der Highschool von Metlakatla, Alaska

wähnte aber zum ersten Mal in der kanadischen Rechtsprechung die Existenz ursprünglicher Landrechte der Indianer. Das Gericht konnte sich zwar nicht einigen über die Frage, ob diese Landrechte noch immer existieren, doch bewirkte die blosse Erwähnung ursprünglicher Landrechte, dass die Bundesregierung sich bereit erklärte, alle Rechtsansprüche auf Land und alle andern Klagen auf Wiedergutmachung entgegenzunehmen und eine rechtliche und politische Regelung anzustreben.

Nach wie vor haben die Ureinwohner um ihr Land und um ihr Recht auf Selbstbestimmung zu kämpfen. Der Hauptwiderstand kommt von wirtschaftlicher Seite, weil niemand daran interessiert ist, den Ureinwohner die Verfügungsgewalt über die reichen Bodenschätze zuzugestehen, die sich zum Teil nachweislich auf Landgebieten befinden, auf die Ureinwohner-Gemeinschaften Anspruch erheben. Es verwundert deshalb nicht, dass die Indianer sich weltweit mit andern Minderheiten in internationalen Organsiationen zusammengeschlossen haben, um gemeinsam auf der Ebene der globalen Völkergemeinschaft und im Rahmen des internationalen Völkerrechts um die Anerkennung ihrer spezifischen Rechte als Ureinwohner zu kämpfen.

Die Indianer – auch diejenigen der Nordwestküste – wollen eine neue Rechtsordnung, um als zwei-kulturige und zwei-sprachige Gemeinschaften innerhalb des kanadischen Staates in weitestgehender Autonomie ihr Leben selbst bestimmen und gestalten zu können. Sie wollen selbst definieren, was es heisst, in der heutigen Zeit «Indianer» zu sein.

Vorschläge für den Unterricht

Vorbemerkungen

Aufbau und Gliederung

Die in diesem unterrichtspraktischen Teil enthaltenen zehn Vorschläge gliedern sich nach folgenden drei Hauptthemen:

● Lebensgrundlagen
(3 Unterrichtsthemen)
● Gegenwartssituation (1)
● Mythos und Kunst (6)

Jedes Unterrichtsthema wiederum umfasst folgende Abschnitte:

1. Begründung und Ziel

Hier finden sich knapp gefasste Antworten auf die Fragen, weshalb ein Unterrichtsthema im Zusammenhang mit den Nordwestküsten-Indianern besonders wichtig ist und welche Erfahrungen und Einsichten seine Behandlung den Schülerinnen und Schülern vermitteln will.

2. Thematische Grundinformation

In Ergänzung zu den beiden Überblickskapiteln am Anfang dieses Buches sind in der Thematischen Grundinformation alle jene Informationen enthalten, die für die Lehrkraft unentbehrlich sind, wenn sie mit ihrer Klasse das betreffende Unterrichtsthema behandeln will. Dabei steht es ihr frei, wie viele der Informationen sie in welcher Form ihren Schülerinnen und Schülern weitergeben will.

3. Anregungen für den Unterricht

Die *Einstiegsmöglichkeiten* versuchen die Schüler/innen an das jeweilige Unterrichtsthema heranzuführen. Dabei wird vornehmlich von Erfahrungen und Gegebenheiten der Schüler/innen-Situation hier und jetzt ausgegangen, ohne jedoch diese Verbindung zu strapazieren.

Die *thematischen Vorschläge* beziehen sich einerseits auf den methodisch-didaktischen Einsatz der verfügbaren Materialien wie Arbeitsblätter, Lesetexte, Diapositive, Musiküberspielungen; anderseits führen sie – öfters auch stufenspezifisch – gewisse Anregungen weiter, die über das vorgegebene Material hinausgehen (wie z.B. handwerklich-gestalterische Vorschläge).

Ausleihbare Materialien

Diaserie und Musikkassette
Unverzichtbarer Bestandteil des vorliegenden Buches sind die Diaserie (50 Dias) und die Tonkassette, die in der Mediothek des Pestalozzianums ausgeliehen werden können.

Signaturen:
Diaserie: D 005/12 I-II
Tonkassette: LK 0015

Museumskiste
Gelegenheit zu «hand-greiflichem» Umgang mit Objekten bietet der Inhalt der Museumskiste, die nach vorheriger Vereinbarung im Völkerkundemuseum der Universität Zürich, Pelikanstrasse 40, 8001 Zürich, Tel. 01/634 90 11, ausgliehen werden kann. Neben Objekten enthält die Museumskiste auch Karten, Photos und Drucke, die im Schulzimmer aufgehängt werden können.

Stoffauswahl

Während der Überblick zur Vorbereitung des Themas für die Lehrkraft als Pflichtlektüre zu betrachten ist, steht es dieser frei, aus den zehn Unterrichtsthemen eine ihr zusagende Auswahl zu treffen. Bei exemplarischem Vorgehen genügt etwa ein Beispiel aus dem Hauptteil «Lebensgrundlagen». Im Hauptteil «Mythos und Kunst» hat die Behandlung eines Mythos, der Totempfähle und eines zeitgenössischen Künstlers oder einer Künstlerin Vorrang. Ist genügend Zeit vorhanden, bietet das Thema «Musik» eine weitere fakultative Möglichkeit. Kaum zu unterschlagen ist jedoch der Hauptteil «Gegenwartssituation», der freilich vor allem die Oberstufe anspricht, was nicht ausschliesst, auch schon jüngere Schüler/innen in geeigneter Dosierung mit der Problematik der Naturausbeutung zu konfrontieren. Gemäss getroffener Auswahl wird sich auch der Einsatz der Diaserie zu einer massvollen Auswahl reduzieren.

Je nach Voraussetzungen und Arbeitsweise der Lehrkraft kann der Wunsch nach einem allgemeiner gehaltenen Einstieg in das Thema «Indianer» oder in die noch breiter angelegte Behandlung von «Minderheiten» oder «indigenen Völkern» bestehen. Entsprechende Möglichkeiten sind im Buch *Prärie- und Plains-Indianer* (vgl. Anzeige auf der letzten Seite) aufgeführt. In diesem finden sich auch entsprechende Hinweise, in welchem Rahmen (Unterrichtsbereiche respektive Fächer) das Thema «Indianer» behandelt werden kann, falls nicht eine eigene Projekt- oder Arbeitswoche möglich ist (S. 47f.).

Lebensgrundlagen

Lachs und Fischfang

1. Begründung und Ziel

Der Lachs war die wichtigste Nahrungsquelle der Nordwestküsten-Indianer. Andere Nahrungsmittel aus dem Wasser (wie Heilbutt, Hering, Kerzenfisch, Stör, Wale) oder vom Land (wie Otter, Biber, Fuchs, Hirsch, Bergziege) waren zum Teil ebenso wichtig fürs Überleben, doch spielte der Lachs mit seinem rätselhaften natürlichen Kreislauf ein besondere Rolle im Leben der Indianer. Ein Vergleich mit der Bedeutung des Bisons für die Prärie- und Plains-Indianer und/oder des Rindes für unsere Lebensweise kann Übereinstimmungen und Unterschiede bezüglich der Abhängigkeit von der Natur aufzeigen. Besonderes Augenmerk wird auf die verschiedenen Fischfangmethoden der Nordwestküsten-Indianer gelegt, gehören doch ihre Entwicklung und Verfeinerung ebenso zu den kulturellen Errungenschaften wie viele andere Tätigkeiten oder Erfindungen zur besseren Bewältigung der Alltagsexistenz.

2. Thematische Grundinformation

Der Lachs

In der pazifischen Lachsgattung werden fünf Arten unterschieden: der grosse Königs- oder Frühlingslachs (Oncorhynchus tshawytscha; über 8 kg, im Yukon River in Alaska bis 45 kg), der Hundslachs (O. keta; über 5 kg), der Silberlachs (O. kisutch; über 4 kg), der Rot- oder Sockeyelachs (O. nerka; um 3 kg) und der Rosa- oder Buckellachs (O. gorbuscha; um 2,5 kg). Der pazifische Lachs unterscheidet sich vom atlantischen Lachs vor allem dadurch, dass er nach dem Laichen in den Süssgewässern innert Stunden stirbt.

Die pazifischen Lachsarten kommen keineswegs gleichmässig verteilt an der Küste vor; der Königslachs beispielsweise meidet seiner Grösse wegen die kleinen Flüsse des Alexander-Archipels. Es treten zudem jährliche Schwankungen in der Menge der Fische auf, und ihr Erscheinen an der Küste ist unregelmässig. Am zuverlässigsten verhält sich der Rotlachs, der vom Hochsommer bis in den Herbst von den indianischen Fischern gefangen werden kann. Die Silber- und die Rosalachse hingegen tauchen nur während eines kaum bestimmbaren jährlichen Zeitraumes von 10–14 Tagen an der Küste auf, dann allerdings in grosser Zahl.

Der europäische oder atlantische Lachs (Salmo salar) kann bis zu 1,5 m lang und 36 kg schwer werden und zählt zu den anadromen (d.h. die zum Laichen flussaufwärts ziehenden) Wanderfischen. Bekannt und berühmt für seine Laichwanderungen, steigt der Lachs vom Meer bis zu den Oberläufen der Flüsse auf. Dort angekommen, legt er im Herbst/Winter im kiesigen Grund etwa 1m^2 grosse Laichgruben an, in denen bis zu 30 000 Eier abgelegt werden.

Die meisten Lachse sterben vor Erschöpfung nach dem Ablaichen. Die Sämlinge (Jung-Lachse) halten sich 1–5 Jahre im Süsswasser auf, wo sie sich von Kleinkrebsen und Insekten, später von Fischen (Elitzen) ernähren, ehe sie ins Meer hinunterwandern. Oft kehren sie schon nach einem Jahr in den Fluss zurück; geschieht dies erst nach 2–5 Jahren, werden die Fische als Salm bezeichnet.

Lachse können bis zu 10 Jahre alt werden. Früher stiegen Lachse auch etwa den Rhein hoch, doch haben Verschmutzung und die Errichtung von unüberwindbaren Staustufen längst dafür gesorgt, dass dies nicht mehr geschieht. So gehört auch der Lachs an vielen Orten zu den aussterbenden Tierarten.

(Nach: *Brockhaus Enzyklopädie*, Bd. 12. Mannheim 1990)

Fangtechniken

Die Variation der Techniken und der Fanggeräte ist in erster Linie von ökologischen Gegebenheiten abhängig, wie von der Beschaffenheit der Meeresküste oder des Flusses, dessen Breite, Tiefe und Strömung. Überall verbreitet waren (und sind es immer noch) Angelhaken, Fischspeere, Harpunen, Fangnetze und Reusen.

Haken wurden früher entweder aus einer Astgabelung oder aus zwei Holzteilen verfertigt; eine dritte Art bog man mittels Wasserdampf. Für jede Fischart wurden spezielle Haken konstruiert. Heilbutt-Haken der nördlichen Küstenvölker und die Holzknüppel, mit denen sowohl Heilbutt wie Seelöwen und Robben getötet wurden, waren oft mit figürlichen Schnitzereien verziert.

Für die in Massen auftretenden Lachse haben sich Reusen und Wehranlagen bewährt. Je nach Breite des Flusses zwingt man die Fische, wenn sie flussaufwärts zu den Laichplätzen schwimmen, durch eine oder mehrere enge Öffnungen in die Reusen, aus denen sie mit Streichnetz oder mit Speeren herausgefischt werden. In einer engen Bucht wird bei Ebbe ein analoges Wehr aus Steinen oder ein Zaun errichtet. Bei Flut wird das Wehr oder der Zaun so hoch überflutet, dass die Fische darüber hinwegschwimmen können, bei Ebbe versperren Wehr oder Zaun die Rückkehr ins offene Meer.

Neben dem erwähnten Streichnetz als Arbeitsgerät für eine Einzelperson gibt es noch weitere Varianten, so z.B. eine, bei der der Netzsack zu einem sich verjüngenden Schlauch verlängert ist, in dem der Fisch nicht mehr wenden kann. Schlauchnetze werden meist im Wasser an Holzstangen montiert und erst wieder eingeholt, wenn der Schlauch voller Fische ist.

Hering und Kerzenfisch (so genannt, weil er so fettreich ist, dass er, mit einem Docht versehen, in der Tat als Kerze diente) werden als Schwarmfische mit Kiemennetzen gefangen. Die Maschenweite der Netze ist genau so gross, dass ein Fisch zwar bis zur Körpermitte durch die Masche kommt, dann aber stecken bleibt und wegen seiner wie Widerhaken wirkenden Kiemen auch nicht mehr herausschlüpfen kann. Diese mehrere Meter langen Netze werden beispielsweise quer zur Flussrichtung an beiden Ufern verankert; sie hängen an hölzernen Schwimmern, und schwere, steinerne Senker halten sie senkrecht im Wasser.

Die Harpune findet vor allem bei grossen Fischen und Seesäugern Anwendung, sei es beim Königslachs, Heilbutt, Stör oder Wal. So schwere und starke Tiere lassen sich nur fangen, wenn sie, durch die Harpunenspitze verletzt, einen grossen Blutverlust erlitten oder sich durch verzweifelte Befreiungsversuche, gehindert durch Leine und Schwimmer oder Schwimmblase, erschöpft haben. Die Jagd auf grosse Tiere – ein Stör kann 800 kg wiegen, von Walen ganz zu schweigen – verlangte Mut und spezielle Vorbereitungen.

Ein Nootka-Walfänger erwies deshalb dem Tier seine besondere Reverenz. Ein Makah berichtet über seinen Vater: «Schon Monate vor der Walfangsaison pflegte mein Vater zu beten. Er kannte besondere Gebetslieder, um Macht zu erlangen, und er besass magische Amulette, die er an einem geheimen Ort aufbewahrte und niemanden sehen liess. Manchmal schwamm er zu den Felsen jenseits der Brandung, tauchend und wasserspeiend wie ein Wal; er gab vor, ein Wal zu sein, um zu zeigen, dass er in seinem Herzen gut war.»

Ein Mann benötigt also alle spirituelle Macht, die er nur erwerben kann, wenn er seine Mannschaft zur Waljagd führt. Und wenn der Wal von der Harpune getroffen ist, wird er gebeten, doch zum Ufer zu schwimmen, wo man ihn willkommen heissen werde. Dieser Bitte kann sich kein Wal verschliessen, zumal man ihn – an der Küste angekommen – mit Federn schmückt und zu seiner Ehre singt und tanzt. Trotz dieser Geisteshaltung dem Jagdopfer gegenüber war der Walfang für die Nootka keineswegs ungefährlich; manches Boot kehrte nicht mehr zurück.

Es wurde meist der kalifornische Grauwal gejagt, der gegen 14 m lang wird. Als Mutprobe versuchten junge Walfänger bisweilen, den kaum zu fangenden Schwertwal zu jagen.

Die Fischerkulturen heute

Die Verhältnisse haben sich in den vergangenen hundert Jahren drastisch geändert. Zwar leben die Nordwestküsten-Indianer zum grösseren Teil immer noch vom Fischfang – nun allerdings mit modernen Fischerbooten (s. Dia Nr. 9) –, doch haben Beschränkungen ihrer Fischereirechte sowie der kommerzielle Fischfang die Einkommenslage verschlechtert. So suchen einige Leute ein Auskommen in der Fischverarbeitungsindustrie (s. Dia Nr. 10) oder finden Arbeit bei weissen Kommerzfischern.

Gegen die Beschneidung ihrer Rechte fechten die Ureinwohner seit Jahrzehnten in komplizierten und teuren Gerichtsverfahren. Der Fischbestand ist jedoch mit der zunehmenden Verseuchung und Zerstörung der Flüsse und Küstengewässer (z.B. durch massive Holznutzung) so stark dezimiert worden, dass auch verbesserte Rechtsgrundlagen den Niedergang der traditionellen Fischversorgung nicht verhindern können. Mit eigenen Fischzuchtanstalten einerseits und politisch-rechtlichen Schritten gegen die Zerstörung ihres Lebensraumes anderseits versuchen die Nordwestküsten-Indianer die drohende ökologische und damit auch soziale und wirtschaftliche Katastrophe zu verhindern. (Darüber mehr im Unterrichtsthema «Ein bedrohter Lebensraum».)

3. Anregungen für den Unterricht

Materialien

– Arbeitsblatt 1: Fangtechnik: Ebbe-/Flut-Falle
– Arbeitsblatt 2: Fangtechnik: Wehrzaun mit Fallen (Reusen)
– Arbeitsblatt 3: Fangtechnik: Schlauchnetz
– Arbeitsblatt 4: Fangtechnik: Schleppnetz
– Arbeitsblatt 5: Walfang mit Harpune
– Arbeitsblatt 6a/b: Verschiedene Fanggeräte I/II
– Lesetext 1: Die Zeremonie des ersten Lachses
– Lesetext 2: Der Wolf-Klan und die Lachse
– Dias Nr. 7–10, (43, 46)

Einstiegsmöglichkeiten

● Welche Rolle spielt der Fischfang heute bei uns?
– Fischen als Hobby und Freizeitbeschäftigung, Fischen vom Seeufer aus, in Bächen (z.B. Forellen), in Booten auf dem See, oft verboten resp. bewilligungspflichtig.
– Vereinzelt gibt es Berufsfischer, die Gaststätten, Spezialgeschäfte, Fischhändler auf dem Markt beliefern. Fischereipatente können von Gemeinden, allenfalls von Privatpersonen (die ein Gewässer gepachtet haben) für kürzere oder längere Dauer gegen Bezahlung ausgegeben werden.
– Noch immer, aber nicht überall zwangsläufig wird aus religiösen Gründen jeweils freitags (Kar-

freitag!) in Restaurants ein Fischmenu angeboten. Auch privat werden dann Fische verzehrt.
– In Staaten mit direktem Meeranstoss spielt der Fischfang eine weitaus grössere Rolle (z.B. Portugal, Frankreich, Japan). Die Verwertung der Fänge erfolgt industriell (Sardinen, Thon etc. werden in Dosen respektive Büchsen verpackt, andere Fische zu Filets verarbeitet und tiefgekühlt). Die Gefahr, dass gewisse Meeresabschnitte dank wirksamer Technologie (Radar) und Dynamit (verboten!) leergefischt werden, ist akut vorhanden und hat zeitweilige Fangverbote zur Folge (z.B. Auseinandersetzungen um die Fischrechte in der Nordsee).

● Lachs wird bei uns als Delikatesse gehandelt. In jüngster Zeit gab es immer wieder Diskussionen über fragwürdige Zuchtmethoden (z.B. in Norwegen), die die Lachse in sogenannten Aquakulturen, die aus viel zu engen Gehegen bestehen, in Küstennähe aufziehen. Auf Druck der Öffentlichkeit sind neuerdings auch Grossverteiler dazu übergegangen, auf den Packungen deutlich zu vermerken, wann es sich um in freien Gewässern gefangenen Lachs handelt.

● Wie die Flüge der Zugvögel (z.B. Schwalben, Störche etc.) zählen die Wanderungen der Lachse zu einem geheimnisvollen Naturphänomen, ist doch das ausserordentliche Orientierungsvermögen schwer zu erklären. Die Tatsache, dass gewisse Vögel und Fische immer wieder den Weg an ihren Geburtsort zurückfinden, übt einen seltsamen Zauber auf den beobachtenden Menschen aus, was sich bei den Nordwestküsten-Indianern in zahlreichen Geschichten, Ritualen und Kunsterzeugnissen niedergeschlagen hat.

Thematische Vorschläge

● Der Lachs und seine Bedeutung für die Nordwestküsten-Indianer im Vergleich zum Bison für die Prärie- und Plains-Indianer resp. zum Rind für uns (vgl. die ersten beiden Unterrichtsthemen in *Prärie- und Plains-Indianer*). Der Lachs dient im Wesentlichen als Nahrung, wirft also keine Nebenprodukte ab wie der Bison. Für die Entwicklung verschiedener Fangmethoden hat der Lachs freilich die Indianer zum Suchen und Finden ingeniöser Lösungen herausgefordert, die auch hohes handwerkliches Geschick erforderten.

● Arbeitsgruppen beschäftigen sich mit den verschiedenen Fangtechniken (inkl. Fanggeräten), wie sie auf den Arbeitsblättern 1–6 dargestellt und in der thematischen Grundinformation beschrieben sind. Dabei gilt es, die Vor- und Nachteile der einzelnen Lösungen aufzuzeigen und gegeneinander abzuwägen.

● Herstellung einer einfachen Reuse aus Weideruten und Bast. Bau einer einfachen Wehranlage in einem Bachbett (in dem keine Forellen ausgesetzt sind, da sonst Konflikte mit dem Fischpatentamt programmiert sind!).

● Konstruktion eines Fischspeers, einer Harpune, eines Angelhakens oder einer Fischkeule. Als Vorlage dienen die Arbeitsblätter 6a/6b.

● Walfang: Einsatz von Arbeitsblatt 5: Weshalb setzte die Jagd auf Wale so viel Mut voraus? Wozu wurden die Schwimmblasen verwendet? Verschiedene Walarten sind heute bedrohlich dezimiert und müssen geschützt werden. Die Schüler/innen tauschen aus, was sie aus Presseberichten oder Büchern darüber wissen und versuchen, heutige Möglichkeiten in Relation zu den einfachen Methoden der Nordwestküsten-Indianer zu setzen.

● Konservierung: Unerlässlich, um leicht verderbliche Speisen haltbar zu machen und zu einem frei wählbaren, späteren Zeitpunkt auftischen zu können. Wie ist dieses Problem bei uns gelöst (Konserven, Tiefkühltruhe, Eisschrank), welche Mittel standen den Nordwestküsten-Indianern zur Verfügung? Am besten haben sich das Räuchern in der feuchten Küstenregion (wo bei uns?) oder das Lufttrocknen bei sonnigem Wetter (bei uns?) bewährt. Der Lachs und andere Fische (Heilbutt) wurden zu diesem Zweck in Längsstreifen geschnitten und an der Decke über dem Feuer respektive auf speziellen Gestellen im Freien aufgehängt.

● Lesetext 1: «Die Zeremonie des ersten Lachses»
Dieser Lesetext ist die Zusammenfassung eines ethnographischen Berichtes über die in Wirklichkeit viel längere und komplexere Zeremonie des ersten Lachses bei den Kwakiutl; aus: Franz Boas, *Ethnology of the Kwakiutl*. Washington 1921.

● Lesetext 2: «Der Wolf-Klan und die Lachse»
Bei diesem Text handelt es sich um eine überarbeitete Fassung aus: Cottie Burland, *Mythologie der Indianer Nordamerikas*. Wiesbaden 1970, S. 30.

Wenn auch von unterschiedlichem Inhalt, ergänzen sich Lesetext 1 und 2 in ihrer Aussage und sind mit Vorteil miteinander zu behandeln. Denkbar ist beispielsweise, dass die eine Hälfte der Klasse den Lesetext 1, die andere Hälfte den Lesetext 2 liest. Indem hierauf im Wechsel der Inhalt der beiden Texte referiert wird, treten nach und nach die gegensätzlichen Standpunkte hervor. Auf der einen Seite ein ungemein rücksichtsvoller, ja feinfühliger Umgang mit dem Lachs, der ja als Mensch im Lachskleid erkannt und respektiert wird; auf der andern Seite die brutale Missachtung eines Lebewesens durch die jungen Leute, die entsprechend hart «bestraft» werden. Welche Schlüsse lassen sich hinsichtlich des Verhaltens der Nordwestküsten-Indianer im Umgang mit der Natur ziehen? Wie steht es in dieser Beziehung bei uns? Gibt es vielleicht so etwas wie ein «ökologisches Gewissen»?

● Betrachtung der Dias (wie unter Materialien angegeben).

Fangtechnik: Ebbe/Flut-Falle

Fangtechnik: Wehrzaun mit Fallen (Reusen)

Fangtechnik: Schlauchnetz

Fangtechnik: Schleppnetz

Walfang mit Harpune

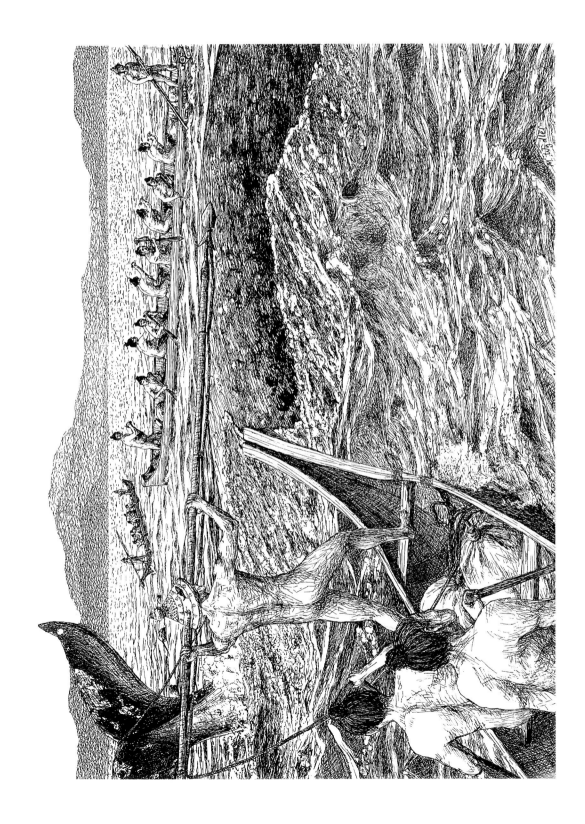

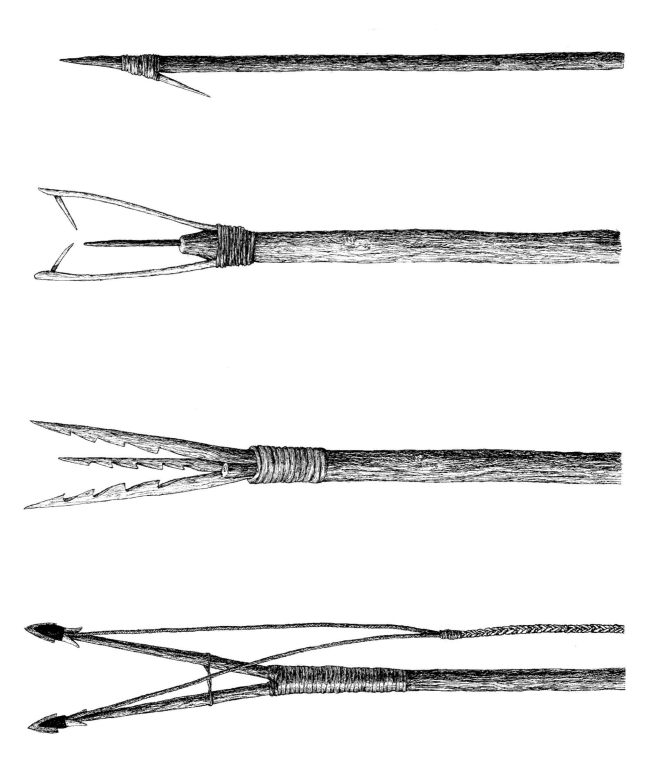

Verschiedene Fanggeräte II

Die Zeremonie des ersten Lachses

Bei allen Nordwestküsten-Völkern bestand der Glaube, dass die Lachse unsterbliche menschliche Meeresbewohner sind, die weit draussen im Pazifik in einem grossen Haus leben. Im Frühling ziehen sie sich ihre Lachskleider über, um sich den Menschen als Nahrung anzubieten. Wenn die Menschen die vollständigen Fischskelette ins Wasser zurückgeben, werden diese ins Meer hinaus gespült. So können sich die Lachsseelen im grossen Meereshaus wieder in Lachsmenschen zurückverwandeln, damit der Kreislauf im nächsten Jahr von vorne beginnt.

Nicht nur die Rückgabe der Fischskelette sicherte die alljährliche Wiederkehr der Lachse, auch die zeremonielle Begrüssung des ersten Lachses, der an der Küste erschien, war zu beachten. Denn die Lachse mussten bei guter Laune gehalten werden, weshalb man sie als gern gesehene Gäste willkommen hiess. So war es Vorschrift, dass zum Beispiel die ersten vier Silberlachse der Saison individuell mit Schleppangeln gefischt werden. Wenn der Lachs anbiss, ermutigte ihn der Fischer: «Halte dich fest, Lachs, halte dich fest!» Langsam zog er die Leine ein, und wenn der Lachs am Kanurand erschien, schlug er ihn mit der Fischkeule mit einem einzigen Schlag tot. Dann betete er zum Lachs: «Willkommen Schwimmer! Ich danke dir, denn ich bin immer noch am Leben, und du bist zu unserem guten Ort zurückgekehrt. Nun kehre nach Hause zurück und erzähl deinen Freunden, wie du hier gut angekommen bist, und bringe sie alle mit, damit auch ich von ihrem Reichtum Anteil haben kann, oh Freund, du Übernatürlicher!»

Jeder Fischer hatte seine eigenen Dankgebete. Zurück am Ufer, nahm des Fischers Frau die vier Silberlachse und sprach zum ersten von ihnen:
«Oh Übernatürlicher, oh Schwimmer! Ich danke dir, dass du zu uns gekommen bist, um dich als Nahrung anzubieten. Lass es gut werden, beschütze mich und meinem Mann, damit wir nicht grundlos sterben müssen.»

Nach diesem Dankgebet filetierte sie die vier Lachse auf eine Weise, dass die Skelette samt Kopf und Schwanz an einem Stück blieben. Die Innereien warf sie ins Wasser. Der Fischer hatte inzwischen seine nahen Verwandten auf den Abend eingeladen, um die vier Silberlachse zeremoniell zu verspeisen; das war zwingende Pflicht, da sonst der Lachs für immer verschwinden würde. Den Gästen wurden ihrem Rang gemäss die Plätze angeboten und vor ihnen neue Essmatten ausgebreitet. Zuerst wurden sie mit frischem Wasser bewirtet, dann sprach der ranghöchste Gast:

«Oh übernatürliche Freunde! Wir danken euch, dass wir euch auch dieses Jahr lebend antreffen, wie auch wir noch leben. Nun bitten wir euch, beschützt uns, dass nichts Böses geschieht, wenn wir euch essen. Wir wissen, dass nur eure Körper tot sind, uns als Nahrung dienend, doch eure Seelen wachen über uns.»

Nach diesen Worten assen sie die Fische. Dann reichte der Fischer ein zweites Mal frisches Wasser, während seine Frau die Skelette, Gräte und Hautreste einsammelte und das Haus verliess, um sie in den Fluss zu werfen, damit der ewige Lebenskreislauf der Lachse stattfinden kann.

(Zusammenfassung aus: Franz Boas, *Ethnology of the Kwakiutl*. Washington 1921)

Der Wolf-Klan und die Lachse

Nicht weit von der Quelle des Nass River gab es in einer Schlucht eine Stelle, an der die Indianer stets eine Fülle von Beeren fanden und eine Menge Lachse fingen. Die in der Nähe wohnenden Dorfleute waren so wohlhabend, dass sie mit anderen Indianern Handel treiben konnten, und sie erfreuten sich eines grossen Ansehens. Mit der Zeit vergassen jedoch die jungen Leute die alten Bräuche. Sie töteten auch die kleinen Fische und überliessen sie der Fressgier von Raben und Adlern. Die älteren Indianer warnten sie vor den Strafen, die der Schöpfer im Himmel ihnen aus Zorn darüber zumessen würde, aber sie scherten sich nicht darum.

Auf dem Höhepunkt der Lachsfangsaison, als die Fische zu Tausenden flussaufwärts schwammen, dachten sich ein paar junge Leute aus dem Wolf-Klan etwas nach ihrer Ansicht besonders Spasshaftes aus. Sie fingen die Lachse, schlitzten ihnen den Rücken auf, steckten brennende Holzspäne hinein und setzten sie wieder ins Wasser, so dass sie wie lebende Fackeln dahinschwammen. Es war in ihren Augen ein prächtiges und aufregendes Schauspiel, und sie machten sich weder über ihre Grausamkeit noch über die Verschwendung von Nahrung irgendwelche Gedanken. Wie gewöhnlich hielten ihnen die erfahrenen Männer ihr Unrecht vor, aber die Jungen kümmerten sich nicht darum.

Am Ende der Lachsfangsaison begann das Dorf mit der Vorbereitung der Winterzeremonien. Während dieser Arbeiten war in der Ferne plötzlich ein sonderbares Grollen ähnlich dem Klang einer Schamanentrommel vernehmbar, so dass alle erschraken. Als sich aber weiter nichts Bedrohliches ereignete, sagten die jungen Leute sehr bald: «Nun ja, die Geister wachen auf und wollen auch ein Fest veranstalten.» Die Alten meinten jedoch, nun werde wegen der Grausamkeit der Jungen gegen die Lachse das Unglück über das Dorf hereinbrechen.

Nach einer Weile legte sich der Lärm, doch innerhalb von ein bis zwei Wochen wurde das Trommeln wieder lauter, und selbst die jungen Krieger begannen vorsichtig zu werden, denn sie ängstigten sich. Die alten Leute, die die Angst der Jungen gewahrten, sagten voraus, dass nun um ihretwillen das Dorf untergehen müsse. Schliesslich erhob sich ein donnerndes Getöse, die Berge barsten, und ein Feuerstrom ergoss sich über das Land, bis alle Flüsse zu brennen schienen. Die Leute suchten zu fliehen, aber das Feuer in den Flussbetten griff auf den Wald über, und nur wenige vermochten sich zu retten.

Die Ursache dieser furchtbaren Verheerung war, wie die Schamanen erklärten, der Zorn der Geister über die Misshandlung der Lachse. So wachten die Mächte der Natur über das ordnungsgemässe Verhalten der Menschen gegenüber all ihren Geschöpfen.

(Überarbeitete Fassung, aus: Cottie Burland, *Mythologie der Indianer Nordamerikas*. Wiesbaden 1970, S. 30)

Holz und Holzbearbeitung

1. Begründung und Ziel

Das Holz der waldreichen Nordwestküste bot sich als hauptsächliches Rohmaterial von selbst an. Die von den Indianern entwickelte Holzbearbeitung gehört weltweit zum Eindrücklichsten und ist andern holzverarbeitenden Kulturen wie den Maori in Neuseeland durchaus ebenbürtig oder der Schweizer Holzschnitzkunst gar überlegen. Auch hier geht es in erster Linie um das handwerkliche Können, das von der Gewinnung des bereits zugerichteten Rohmaterials (Stämme, Balken, Pfosten, Bretter etc.) bis zur Verarbeitung zu Häusern, Kanus oder Kisten reicht. Die Herstellung von künstlerischen Erzeugnissen aus Holz wird in den Unterrichtsthemen über «Totempfähle» und «Masken» behandelt.

2. Thematische Grund-information

Am wichtigsten war die bis zu 70 m hohe Rote Zeder (Thuja plicata), die für Totempfähle, Kanus und für den Hausbau geschlagen wurde. Die Rote Zeder bevorzugt ein nicht zu kühles Klima, weshalb sie nur bis zum 56. nördlichen Breitengrad vorkommt.

Die Rote Zeder ist sehr leicht der Länge nach zu spalten; dazu benutzten die Indianer Äxte und Kei-le. Der indianische Zimmermann war so in der Lage, Bretter bzw. Planken in verschiedener Breite und Dicke abzuspalten – eine Säge kannte und brauchte er nicht. Als weitere Werkzeuge benutzte er Stein- und Holzhammer, Meissel und Stechbeitel. Die Klingen bestanden aus Nephritstein, Muschelschalen, Horn und in seltenen Fällen aus Metall, gewonnen aus angeschwemmten Wrackteilen. Haifischhaut diente als Schmirgelpapier. Als die Europäer kamen, eigneten sich die Indianer sofort Metall jeglicher Art an, um ihre Werkzeuge zu verbessern. Sie behielten aber weitgehend die traditionellen Ellbogen- und D-Formen bei. Für die feinen Schnitzereien arbeitete man zusätzlich mit Messern, deren gerade oder gebogene Klingen meist aus Muschelschalen hergestellt wurden.

Besonders gut eignete sich die Rote Zeder als leichte Holzart auch für den Kanubau. Ein Kanu wurde aus einem einzigen Baumstamm hergestellt, allerdings nicht als blosser Einbaum. Die ausgewählte Rote Zeder wurde der Länge nach in zwei Hälften gespalten, ein Baum ermöglichte also in der Regel den Bau von zwei Kanus. Die Baumhälfte wurde mit der Ellbogenaxt und in einem weiteren Stadium mit Hilfe von kleinen Feuern ausgehöhlt. Der ausgehöhlte Stamm wurde daraufhin mit Was-ser gefüllt, das mit heissen Steinen erhitzt wurde. Die so aufgeweichten Seitenwände wurden sorgfältig mittels Querstäben ausgeweitet. Zusätzlich erhielt das Kanu einen kunstvoll geschnitzten und bemalten Bugaufbau, bei den nördlichen Völkern ein ebensolches Heck. Je nach Verwendungszweck massen die Kanus 5 m bei einem tragbaren Fischerboot, gegen 10 m bei einem Familien- oder Handelsboot und bis zu 20 m bei einem Kriegskanu der Haida.

Die Gelbe Zeder (Chamaecyparis nootkatensis) ist ebenfalls ein wichtiges Rohmaterial und kommt an der gesamten Nordwestküste vor. Sie wird zwar ebenso alt wie die Rote Zeder, aber nur 45 m hoch und hat einen Durchmesser von maximal 2 m. Ihr dichtes, fein gemasertes, gelbliches Holz eignet sich besonders gut für Miniaturen wie kleine Totempfähle, aber auch für Masken und Reliefschnitzereien.

Als Bau- und Brennholz schlugen die Indianer auch andere Koniferen, so die mächtige Douglas-Fichte (Pseudotsuga taxifolia), die Hemlock-Tanne (Tsuga heterophylla) und die Sitka-Fichte (Picea sitchensis). Erlenholz wurde für die Herstellung von Essschalen verwendet, da es keinen Geschmack abgibt. Ahorn wurde für Löffel und Schamanenrassel gebraucht, das geschmeidige Eibenholz für Pfeilbogen und Angelhaken und das harte Holz des Wilden Apfelbaumes für Hammer und Keile.

Flechten und Weben

Die Indianer verarbeiteten nicht nur das rohe Holz, sondern auch die faserige Rinde, den Zedernbast, und feine, geschälte Wurzeln, meist von Fichten, aber auch von Zedern, sowie gefärbte und ungefärbte Gräser. Aus diesen geschmeidigen Materialien stellten sie Matten, Umhänge, Kleidungsstücke und Körbe her.

Im Übergang vom Frühling zum Sommer gingen die Frauen und Mädchen hinaus in die Wälder, suchten sich einen jungen Baum aus und sprachen ein Gebet zur Baumseele. Dann kerbten sie auf Hüfthöhe die Rinde ein, lösten sie vorsichtig ab und versuchten, einen langen Rindenstreifen nach oben loszureissen. Die innere, hellere Rinde wurde von der äusseren getrennt und für die weitere Verarbeitung nach Hause gebracht. Aus roher Rinde wurden zum Beispiel einfache Wasserschöpfer gefertigt. Die innere Rinde wurde zu Bast weichgeklopft und in verschieden breite Streifen und Bänder geteilt.

Körbe, Hüte und Umhänge

Man trifft bei den Völkern der Nordwestküste auf eine grosse Vielfalt von Körben: von Miniformen, die die Geschicklichkeit der Herstellerin demonstrierten, bis zu riesigen Vorratskörben. Die häufigste Flechtart war die Dreherflechttechnik, die das Herstellen wasserdichter Korbgefässe, Hüte und Umhänge ermöglichte. Die Spiralwulsttechnik und die einfache Flechtart, die bei anderen nordamerikanischen Indianern stark verbreitet war, wurden seltener angewandt.

Das Weben von Decken

Aus Zederbast und dem langen Haar der amerikanischen Bergziege wurden sogenannte «Chilkat»-Decken gewoben, die ihren Ursprung bei den Tsimshian haben, aber von den Chilkat, einer Untereinheit der Tlingit, mit grösster Meisterschaft hergestellt wurden. Durch Handel waren sie auch bei anderen Völkern der Nordwestküste verbreitet. (Siehe u.a. Cheryl Samuel, *The Chilkat Dancing Blanket.* Norman 1989.)

Die Coast Salish waren bekannt für geometrisch dekorierte Decken und Teppiche aus den wolligen Haaren der Bergziege und einer eigens dafür gezüchteten Hundeart, die inzwischen ausgestorben ist; heute wird Schafwolle verwendet. Nach solchen Decken besteht wieder eine grosse Nachfrage, sei es für den Eigenbedarf, sei es als Potlatch-Geschenke oder als kunsthandwerkliche Produkte für den Verkauf an Touristen oder ansässige Weisse. (Ein kleineres Exemplar findet sich in der ausleihbaren Museumskiste; siehe u.a. Paula Gustafson, *Salish Weaving.* Vancouver 1980.)

Im Verlauf der ersten Hälfte dieses Jahrhunderts war zu befürchten, dass die hohe Flechtkunst der Nordwestküsten-Frauen verloren ginge; immer weniger, vornehmlich ältere Frauen beherrschten sie noch. Doch mit dem allgemeinen Erstarken des Selbstbewusstseins in den letzten drei Jahrzehnten haben auch wieder jüngere Frauen die traditionelle Flechtkunst erlernt und zu einem blühenden Kunsthandwerk entwickelt.

3. Anregungen für den Untericht

Materialien

- Arbeitsblatt 7: Fällen einer Zeder
- Arbeitsblatt 8a: Gewinnung von Brettern I (vom lebenden Baum)
- Arbeitsblatt 8b: Gewinnung von Brettern II (am gefällten Baum) – und Werkzeuge
- Arbeitsblatt 9a: Herstellung eines Kanus I
- Arbeitsblatt 9b: Herstellung eines Kanus II
- Arbeitsblatt 9c: Herstellung eines Kanus III (Kommentar)
- Arbeitsblatt 10a: Herstellung einer Bentbox I
- Arbeitsblatt 10b: Herstellung einer Bentbox II
- Arbeitsblatt 10c: Herstellung einer Bentbox III (Kommentar)
- Dias Nr. 5, 6, 36
- Bentbox in der Museumskiste

Einstiegsmöglichkeiten

● Naturgegebene Voraussetzungen zur Entwicklung besonderer Nutzungszwecke:

Ein artenreicher Wald zwingt uns zur Unterscheidung der verschiedenen Holzarten und ihrer besonderen Eigenschaften. Wir untersuchen bei uns übliche Holzarten wie z.B. Tannen-, Buchen-, Eichen-, Pappel- oder Birkenholz und versuchen sie genauer zu charakterisieren (Härte, Beschaffenheit, Farbe etc.). Falls sich eine Schreinerei in der Nähe befindet, unterhalten wir uns mit dem Fachmann über die verschiedenen Verwendungsmöglichkeiten.

● Holz als Rohstoff für verschiedene Zwecke bei uns:
Welche Arten sind für welche Zwecke am besten geeignet?
– als Brennholz?
– für die Möbelfabrikation?
– als Dachsparren (Zimmerei)?
– für den Hausbau (Waldblockhütten)?
– zur Herstellung von Gebrauchsgegenständen (z.B. Salatschüssel oder -besteck, Kochlöffel, Besenstiel etc.)?
– um Figuren zu schnitzen oder Holzschnitt-Druckplatten herzustellen?

● Weshalb gibt die Verwendung von tropischen Hölzern (z.B. Teak) bei uns immer wieder zu heftigen Diskussionen Anlass? (Konsequent keine Möbel anschaffen, die aus überseeischen Tropenhölzern verfertigt wurden, sondern einheimischem Holz, auch zur Verfeuerung, den Vorzug geben.)

Thematische Vorschläge

● Die Lehrkraft führt aufgrund der Hintergrundinformation die Klasse in das Thema Holz und Holzverar-

Holzart	Verwendung	Eigenschaften
Rote Zeder (Thuja plicata)	Totempfähle, Kanus, Bauholz	leicht, weich, spaltet sich leicht
Gelbe Zeder (auch Alaska-Zypresse) (Chamaecyparis nootkatensis)	Totempfahlminiaturen	leicht, weich, fein gemasert (ähnlich wie Kiefer)
Erle	Teller, Ölschalen	gibt keinen Geschmack ab
Ahorn	Rasseln, Löffel	
Wilder Apfelbaum	Holzhammer, Stöcke	
Eibe	Bogen, Angelhaken	
Rottanne	Bauholz (als Ersatz für Rote Zeder), Heizmaterial	

beitung ein und greift bei Bedarf auf die oben stehende Übersicht zurück: Welche Holzart an der Nordwestküste wird vorzugsweise weshalb wozu verwendet.

Was zeichnet Zedernholz besonders aus?

● Arbeitsblätter 7–10: Gewinnung von Holz und dessen Bearbeitung:
– Allein das Fällen von alten Zedern, die einen Umfang von mehreren Metern erreichen, ist harte Arbeit. Bisweilen erleichtert der Einsatz von Feuer das mühselige Herausschlagen einer Kerbe.

– Manchmal ist es einfacher, auf das Fällen zu verzichten und Bretter resp. Planken direkt vom Stamm «abzuziehen». Weshalb fällt dies bei der Zeder verhältnismässig leicht?

– Die Herstellung eines Kanus oder einer Bentbox lässt sich anhand der Zeichnungen und des dazugehörigen Kommentars Schritt für Schritt nachvollziehen.

● Weshalb war (ist) das Flechten bei den Nordwestküsten-Indianern nur Mädchen resp. Frauen vorbehalten?
Ist eine Trennung von Männer- und Frauenarbeit zwingend? Welche Gründe sprechen (in bestimmten Fällen) dafür? Sind auch andere Arbeitsteilungen denkbar (bei uns, an der Nordwestküste)?

● Mehrfachnutzung der Zeder, deren innere, dem Stamm am nächsten liegende Rinde zu Bast weichgeklopft und in Bandform zugeschnitten wird. Weitere geeignete Pflanzen?

Fällen einer Zeder

Gewinnung von Brettern I
(vom lebenden Baum)

Gewinnung von Brettern II – und Werkzeuge

(am gefällten Baum)

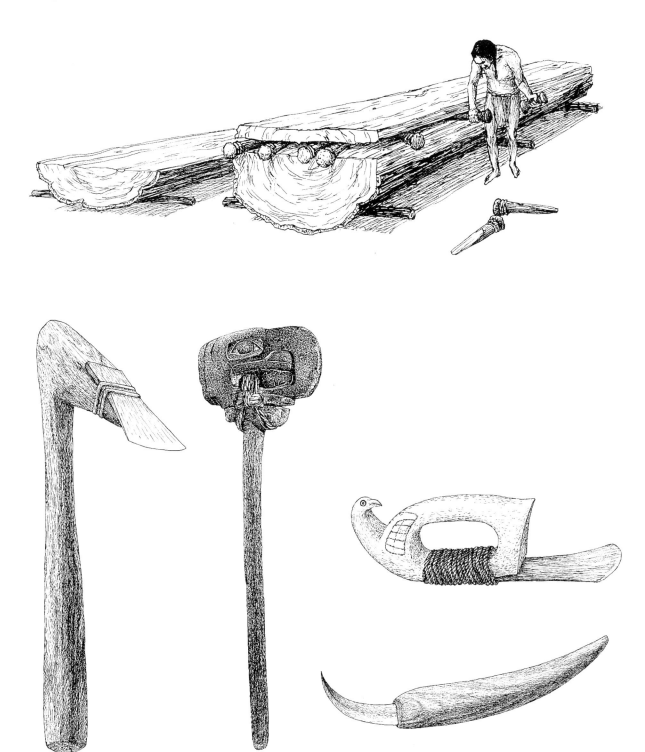

Herstellung eines Kanus I

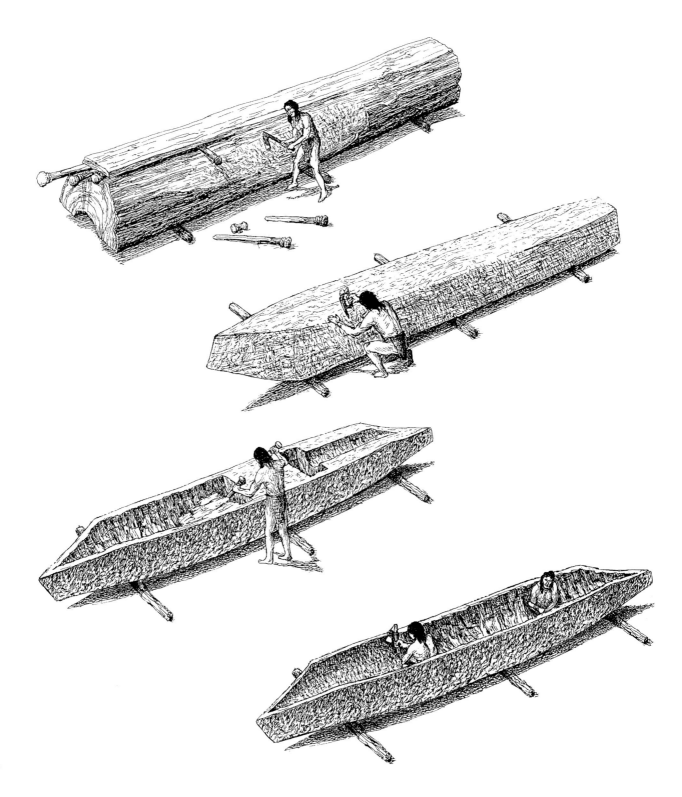

Herstellung eines Kanus II

Herstellung eines Kanus III
(Kommentar)

1. Nach dem Fällen einer Roten Zeder mit einem unteren Durchmesser von mindestens 1,8 m wird der Stamm entastet und entrindet. Dann wird er auf die gewünschte Länge zugeschnitten (zwischen 5 und 20 m) und der Länge nach halbiert. In voreuropäischer Zeit kannten die Nordwestküsten-Indianer noch keine Säge; da aber die Rote Zeder leicht spaltbar ist, konnten die Stämme relativ leicht mit Hilfe von Keilen halbiert oder zu Brettern aufgespalten werden. Beide Hälften lassen sich für den Bau eines Kanus verwenden. Die Baumhälfte wird so gedreht, dass als erstes die Aussenseite des Rumpfes und vor allem der Boden zubehauen werden können, und zwar mittels des Ellbogen-Breitbeils.

2. Langsam wird die Grundform des Kanus mit zugespitztem Bug und Heck und abgeflachtem Rumpfboden sichtbar. Neben dem Ellbogen-Breitbeil für die gröbere Arbeit braucht der Bootsbauer auch eine D-förmige Dechsel für die Feinarbeit.

3./4. Nachdem der Stamm wieder umgedreht ist, höhlt der Bootsbauer das Innere mit dem Ellbogen-Breitbeil sowie mit Hammer und Meissel aus. Der Kanuboden soll je nach Grösse des Bootes etwa zwei bis drei Finger dick sein, die Wände nach oben abnehmend bis zu einer Fingerbreite. Dieser Arbeitsvorgang verlangt grosse Sorgfalt. Mittels genau abgemessener Holzdübel, die in regelmässig verteilten Bohrlöchern stecken, kann der Bootsbauer beim Aushöhlen auf gleichmässige Dicke der Bootswand achten. Es gab erfahrene Bootsbauer, die ohne diese Messtechnik auskamen und die Dicke mit der Hand erfühlen konnten.

5./6. Typisch für die Nordwestküsten-Indianer war, dass man es nicht beim Einbaum beliess, sondern den Rumpf weitete. Zu diesem Zweck füllt man ihn mit Wasser, das mittels erhitzter Steine bis zum Siedepunkt erwärmt wird. Rund um den Bootsrumpf werden kleine Feuer entzündet, um auch auf diese Weise die Wände zu erhitzen; dabei darf das Boot nicht anbrennen. Die weichen Wände werden mit dicken Streben sorgfältig auseinandergedrückt und zwischen Dollboards fixiert; die Streben dienen in ihrer Form von schmalen Brettern später als Sitzfläche.

7. Die Aufbauten für Bug und Heck sind separat geschnitzt worden. Sie werden nun nach der Entleerung des Bootes auf ihrem Platz mit Holzdübeln befestigt oder mittels dünner Fichtenzweige vernäht. Diese Arbeit wird so präzise ausgeführt, dass die Nähte und Spalten kein Wasser durchlassen.

8. Nach dem Trocknen folgt der letzte Schliff: mit feinen Werkzeugen und schliesslich mit Sand wird das Kanu innen und aussen abgeschliffen und poliert. Je nach kultureller Tradition wird der Rumpf aussen und innen mit Malereien verschönert.

Herstellung einer Bentbox I

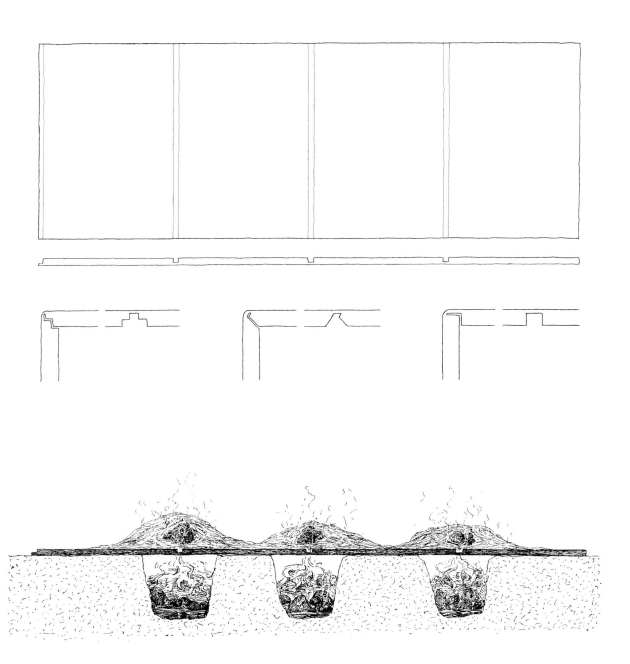

Herstellung einer Bentbox II

Herstellung einer Bentbox III

(Kommentar)

Die Nordwestküsten-Indianer haben mit der sogenannten Bentbox-Technik zur Herstellung von Kisten u.ä. eine in der ganzen Welt einmalige Konstruktionstechnik entwickelt; sie verdanken dies vor allem dem langfaserigen Holz der Roten Zeder, das eine rechtwinklige Biegung (gebogen = bent) eines Brettes erlaubt, allerdings erst nach erfolgter Einkerbung und Einweichung durch heissen Dampf. Diese Technik ermöglicht zum Beispiel auch die Herstellung von wasserdichten Gefässen. Mit der Bentbox-Technik wurden verschieden grosse Gefässe, Behälter, Truhen und Kisten sowie Kinderwiegen oder Trommeln hergestellt. Bentboxes dienten also als Schüsseln für Tranöl oder Fischsuppe, als Vorratskisten oder Kleidertruhen. Die Seitenwände der Bentboxes wurden oft mit Reliefschnitzereien oder Malereien dekoriert. Im Folgenden werden die einzelnen Schritte der Bentbox-Technik erläutert:

1. Ein Brett wird von einer Roten Zeder mit Hilfe von Hammer und Keilen abgespalten. Es wird in seinen Ausmassen – Länge, Breite, Dicke, Winkel – genau zurechtgeschnitten und die Oberfläche geglättet.

2. Nun werden drei Kerben der Breite nach sorgfältigst eingeschnitten. Sieben verschiedene Kerbtypen waren bekannt; drei davon sind auf dem Arbeitsblatt 10a abgebildet.

3. Um die Kerbstellen biegbar zu machen, wird heisser Wasserdampf benötigt. Zu diesem Zwecke werden drei längliche Gräben mit je gleichem Abstand und gleicher Breite wie die Kerben im Brett ausgehoben. In die Gräben werden erhitzte Steine gelegt, mit Wasser übergossen, und sofort wird das Brett so darüber gelegt, dass die Kerben über die Gräben zu liegen kommen. Auf die Kerben werden ebenfalls erhitzte Steine und darüber feuchtes Seegrass gelegt. Dieses Dampfbad weicht das Holz entlang der Kerben auf.

4. Nun wird das Brett bei jeder Kerbe sorgfältig um 90° umgebogen; dies ist der entscheidende Arbeitsvorgang, denn wenn die Kerbung nicht exakt verläuft und/ oder das Holz nicht genügend durchfeuchtet ist, kann das Holz reissen oder sich die Kerbung nicht exakt verkanten.

5. Das umgebogene Brett wird nun mit Seilen fixiert, wobei zwei Diagonalstecken garantieren, dass die Winkel von 90° beibehalten werden, bis die feuchten Kerbkanten trocknen und sich versteifen.

6. Die vierte Kante wird entweder mit Zedernzweigen zusammengenäht oder mit Holzdübeln zusammengenagelt; manchmal werden beide Methoden kombiniert.

7. Auf dieselbe Weise wird der genutete Boden befestigt. Sind die vierte Seitenkante und der Boden präzise genutet worden, konnte eine Bentbox wasserdicht sein.

Wohnen im Holzhaus

1. Begründung und Ziel

Das Plankenhaus der Nordwestküsten-Indianer spiegelt sowohl die soziale Struktur als auch die ökologische Anpassung wider. In diesem Grosshaus lebten mehrere über eine Linie miteinander verwandte Familien, d.h. eine Lineage oder ein Klan. Die Konstruktion dieser Häuser zeigt uns, dass bei weitem nicht alle Indianer nomadisierend in Tipis lebten, sondern auch in festen Bauten und permanenten Dörfern wohnten. Die Besonderheiten dieser Wohnform und deren Konsequenzen für die Lebensweise der Nordwestküsten-Indianer werden ebenso thematisiert wie die Vorgehensweise beim Bauen selbst.

2. Thematische Grundinformation

Haustypen

Die meisten Völker hatten ein Winter- und ein Sommerdorf: Das Winterdorf lag geschützt gegen die heftigen Stürme in ruhigen Buchten, die Sommerdörfer bei den Fisch- und Jagdgründen und Sammelplätzen. Die rechteckigen Häuser lagen – mit einer Breitseite als Front zum Wasser – nebeneinander in einer Reihe der Küste entlang.

Der Haustyp der *Coast-Salish*, ein konstruktiv einfacher, länglicher Flachdach-Bau von rund 12x24 m, erinnert an das Langhaus der östlichen Waldland-Indianer, das einer Reihe aneinandergebauter Einfamilienhäuser gleicht; bei den Coast-Salish bewohnte jede Kernfamilie einen Hausteil von 12x4,8 m, so dass also fünf Familien nebeneinander im Lineage-Haus lebten. Jede Familie hatte ihre eigene Feuerstelle, der Rauch zog durchs Dach hinaus. Bei schönem Wetter schob man die Dachbretter auf die Seite, bei Sturm und Regen wurden diese mit grossen Steinen beschwert.

Bei den *Nootka* konnte ein Chefhaus 12x45 m lang sein, konstruiert mit einem Giebeldach. Das vordere Ende des Giebelbalkens stellte oft ein geschnitztes Totemtier dar, z.B. einen Seelöwen, und die Front eines Chefhauses war meist mit dem Totemtier der Lineage bemalt. Die Familien waren dem Rang entsprechend den Längsseiten entlang um eine rechteckige innere, tiefere Plattform angeordnet, die Cheffamilie in der rechten hintern Ecke. An den Wänden wurden Kisten und Truhen aufgestellt, manchmal auch als «Trennwand» zwischen den einzelnen Familien. Jede Familie hatte ihr eigenes Herdfeuer, die darüber liegenden Dachbretter wurden wie bei den Coast-Salish verschoben oder gegen den Regen geschlossen.

Je nördlicher wir gehen, desto quadratischer wird der Grundriss; bei den *Haida* misst ein Chefhaus ca. 15,2x18,3 m. Die Familie des Chefs wohnte im hintern Teil dem Eingang gegenüber, die in der Hierarchie folgenden Familien verteilten sich rechts und links um ein inneres, vertieftes Rechteck; darin brannte ein zentrales Feuer, darüber befand sich eine spezielle Rauchöffnung im Dach.

Der Bau eines Giebelhauses war sehr anspruchsvoll und erforderte erfahrene Bauleute, die es verstanden, die vielen Stützpfähle mit Hilfe von Seilen zum Aufrichten der oft riesigen Hauspfosten und Dachbalken in die gewünschte Position zu bringen. Oftmals dauerte es Jahre, bis ein grosses Chefhaus, in dem auch die Winterzeremonien stattfanden, fertiggestellt war, zumal während der Sommerzeit wegen der Fisch-, Jagd- und Sammelsaison alle Kräfte gebunden waren. Im Norden waren die Seitenwände aus senkrechten, im Süden aus waagrechten Brettern konstruiert.

Diese Giebelhäuser besassen im Innern Hauspfosten, die mit bemalten Reliefschnitzereien die Lineage- oder Klan-Wappentiere darstellten. Die Frontwände waren oft mit symmetrisch aufgeteilten Totem-Malereien verziert und/oder mit einem zentralen Totempfahl oder gar mit drei Totempfählen – einer im Zentrum, je einer in der rechten und linken Ecke – markant gekenntzeichnet. Bei den *Tlingit* trat man durch eine ovale Öffnung im zentralen Totempfahl ins Haus.

Hausnamen

Die Häuser der nördlicheren Völker trugen einen Namen; bei den Haida z.B. «Berghaus», weil es auf leicht höherem Grund als die andern Häuser stand, oder «Haus, an dem nie jemand nur vorbeiläuft», weil der Besitzer so generös und gastfreundlich ist, oder «Friedvolles Haus» oder «Haus, in dem es immer Sommer ist». Die Tlingit gaben ihren Häusern Namen, die einen Bezug zu Vögeln, Tieren und Fischen hatten, z.B. «Rabenknochen-Haus», «Adlerklauen-Haus», «Biberdamm-Haus», «Heilbutt-Haus».

Dorfleben

Während der Fischfangsaison von Frühjahr bis Herbst hatte das ganze Dorf alle Hände voll zu tun. Auch Kinder ab dem siebten oder achten Lebensjahr hatten beim Fischfang, Ausnehmen der Fische, Filetieren und Trocknen mitzuhelfen. Bei den Coast-Salish mussten die Kinder gar ihre Spielsachen wegräumen, denn die jungen Lachskinder hatten ihre Spielsachen ja auch zurückgelassen, als sie sich die Fischkleider angelegt hatten, um das Meereshaus zu verlassen und an die Küste zu schwimmen, wo sie sich als Nahrung den Menschen anboten. Zudem war das Spielen mit gefangenen Fischen als Respektlosigkeit den Lachsmenschen gegenüber verboten.

Das Leben in einem Sommerdorf war wohl ein besonderes Geruchserlebnis – der Duft der kleinen Fischerwelt: Das Räuchern oder Lufttrocknen von Fischfilets, das Auspressen des Öls der Kerzenfische oder die Gewinnung von Waltran, die leicht angefaulten Rogen oder Fischköpfe, die als Delikatesse genossen wurden – dies alles verbreitete einen permanenten Duft, so dass ein Dorf, das in einer verborgenen Bucht oder wegen des häufigen Nebels der Sicht entzogen war, im Gegenwind schon von weitem kaum zu verfehlen war ...

Das relativ milde Regenklima – im Winter fiel die Temperatur selten unter Null Grad – war sicherlich nicht immer angenehm, alles war und blieb lange feucht, und die Kleidungsstücke aus Zedernbast waren nichts für empfindliche Haut, weshalb man meistens halbnackt herumlief.

Da aber nicht nur das Klima unfreundlich war, sondern oft auch die lieben Nachbarn kriegerische Gelüste zeigten, wurde schon früh in der Erziehung, insbesondere der Knaben, auf körperliche Fitness und Gehorsam sowie grösste Selbstdisziplin Wert gelegt und wenn nötig mit Rutenschlägen nachgeholfen. Das allmorgendliche Bad in den mehr oder weniger kalten Fluten des Meeres oder des Flusses diente deshalb nicht nur der Hygiene, sondern auch der Abhärtung. Kleinkinder unter sieben, acht Jahren hatten noch viel Freiraum zum Spielen. Die Spiel-

sachen waren in der Regel Miniaturen der elterlichen Gerätschaften, und die Kinder übten sich in den späteren Erwachsenenrollen.

3. Anregungen für den Unterricht

Materialien

– Arbeitsblatt 11: Bau eines Giebelhauses der Nootka
– Arbeitsblatt 12: Winterdorf der Haida
– Dias Nr. 11-17
– Farbdrucke mit Rekonstruktionen alter Haida-Siedlungen in der ausleihbaren Museumskiste.

Einstiegsmöglichkeiten

● Überlegungen zum Wohnkomfort:
– Was gehört bei uns in der Regel zum grundlegenden, unverzichtbaren Wohnkomfort? (genügend unterteilte Wohnfläche (Zimmer), elektrisches Licht, fliessendes Wasser, in die Wohnung integriertes WC/Bad, mit elektrischem Strom oder Gas betriebener Kochherd, Heizung ...)
– Was könnte man als gehobenen Komfort bezeichnen? (Warmwasser, Zentral-/Deckenheizung, gross dimensioniertes Wohnzimmer, Lärmschutzfenster, grosser Balkon etc.)
– Was bietet der sogenannte Luxusausbau einer Eigentumswohnung oder eines Eigenheims? (vgl. dazu Anzeigen des Immobilienmarktes, Zeitschriften wie Schöner Wohnen, Das ideale Heim etc.)

● Wo ist mit betont einfachen Wohn- resp. Aufenthaltsverhältnissen zu rechnen? (z.B. Skihütte, Maiensäss, abgelegenes Ferienhaus, Bidonvilles, Slums...)

● Wie nötig ist Komfort (etwa in Bezug auf Hygiene, Wohlbefinden etc.)?

Thematische Vorschläge

● Der Bau eines Hauses, Ansicht eines Dorfes

Auf dem Arbeitsblatt 11 lässt sich das Vorgehen beim Hausbau sehr gut verfolgen. Die Schüler/innen
– vollziehen die einzelnen Bau-Phasen in Worten nach,
– schätzen Länge, Durchmesser der einzelnen Holzbauteile (Seitenpfosten, Deckenbalken, Wand- und Dachlatten),
– berechnen das ungefähre Volumen des fertigen Baukörpers in Kubikmetern und fragen sich, wieviele Menschen darin Platz gefunden respektive darin gewohnt haben dürften, und
– geben die Baudauer aufgrund der Annahme von unterschiedlich vielen Beteiligten an.

Mit Hilfe des Arbeitsblattes 12 äussern sich die Schüler/innen über die Anordnung der Siedlung und das Aufstellen der Totempfähle. (Vgl. auch die fünf Farbdrucke von Haida-Dörfern in der Museumskiste.)

● Vergleiche mit andern Wohnformen (Die Fragen beziehungsweise Aufgaben können auch als Gruppenarbeit verteilt werden):

– Wieso haben die Nordwestküsten-Indianer kein Tipi? (Holzreichtum, Klima, Sesshaftigkeit, andere Fauna)
– Wie unterscheidet sich ein Tipi respektive Mandan-Erdhaus (vgl. Arbeitsblätter 7–11 aus *Prärie- und Plains-Indianer* über das Tipi und das Erdhaus) vom Plankenhaus der Nordwestküsten-Indianer?
– Vergleich des Plankenhauses mit Wohnformen bei uns (Pfahlbausiedlung, Alphütte etc.)

● Für Modellbaubegeisterte Nachbildung eines Hauses im Massstab 1:50, natürlich in Holz.

● Wir betrachten die hierarchische Anordnung der Familien innerhalb eines Hauses und stellen Unterschiede zwischen Coast-Salish (eine Reihe) und Tlingit/Haida (als Rechteck) fest. Bei uns sind ähnliche Strukturen noch vereinzelt in ländlichen Gegenden (z.B. Kanton Bern) anzutreffen, wo die Grosseltern im sogenannten «Stöckli» neben dem Haupthaus ihren Alterswohnsitz haben.

● Wie kommt es zur Namengebung für ein Haus an der Nordwestküste? Welche Namen finden sich bei uns (Seeblick, Rosenau, Erika etc.)? Welches sind hier die Beweggründe für eine Namenwahl?

● Betrachtung der Dias (wie unter Materialien angegeben).

Bau eines Giebelhauses der Nootka

Winterdorf der Haida

Gegenwartssituation

Ein bedrohter Lebensraum

1. Begründung und Ziel

Die Nordwestküsten-Indianer haben von wenigen Ausnahmen abgesehen nie einen Landabtretungsvertrag mit den Weissen abgeschlossen und auch nie durch einen Krieg Land eingebüsst; allerdings hat die Provinz British Columbia (BC) bis 1990 auch nie irgendwelche Landrechte der Indianer anerkannt, berief sie sich doch darauf, dass die ursprünglichen Rechte der Indianer mit dem Beitritt der Provinz zur kanadischen Föderation 1871 völlig erloschen seien. Heute setzen sich die Indianer in immer stärkerem Masse für eine rechtliche Klärung ein, verlangen Land zurück und/oder Kompensation für die aus ihrer Sicht illegalen Beschlagnahmungen. Sie unterstreichen ihre Ansprüche auch damit, dass sie das Ökosystem der Nordwestküste nachhaltiger nutzen und entsprechend schützen als zum Beispiel die raubbautreibende Forstwirtschaft der Weissen.

2. Thematische Grundinformation

«Kanada – Brasilien des Nordens»
Kanada ist das grösste Nadelholz-, Zellstoff- und Papierexportland der Erde, mit einem Anteil von 21%

Kanada	Brasilien
9,9 Mio. km² Landfläche	8,5 Mio. km² Landfläche
45% (ca. 4,5 Mio. km²) mit Wald bedeckt	41% (ca. 3,5 Mio. km²) mit Wald bedeckt
alle 29 Sekunden wird 1 ha Wald gefällt	alle 22 Sekunden wird 1 ha Wald gefällt
10,3% (ca. 460 000 km²) der Waldfläche aufgrund mangelnder Wiederaufforstung definitiv zerstört	12% (ca. 420 000 km²) Regenwald abgeholzt respektive abgebrannt
2,6% (ca. 120 000 km²) Wald geschützt	9,4% (ca. 330 000 km²) Regenwald geschützt
100 000 Indigene leben im und vom Wald	170 000 Indigene leben im und vom Wald

am gesamten Welthandel mit Holz und von 31% an der weltweiten Produktion von Zeitungspapier. Der Holz-, Zellstoff- und Papierexport macht rund 17% der gesamten Exporte Kanadas aus; die Hauptabnehmer sind die USA, Deutschland und Japan.

Obwohl man in Kanada über die ökologische Bedeutung des Waldes Bescheid weiss und auch darüber, dass nur noch 10% des ursprünglichen Regenwaldes in gemässigten Breiten stehen, hat die Abholzung umweltgefährdende Ausmasse erreicht wie sonst nirgends in der Welt. Nicht von ungefähr gilt Kanada unter Umweltschützern als «das Brasilien des

Nordens». Ein Vergleich der beiden Staaten bezüglich ihrer Forstpolitik zeigt folgende Zahlen:

Die Folgen der Waldvernichtung sind verheerend:
- Grossräumige Abholzung bewirkt eine Abnahme der Regenfälle.
- Die Kahlschlagmethode fördert Erosion durch Wind, Regen und Sonneneinstrahlung.
- In gebirgigen Gebieten kann Erosion in Form von Steinlawinen (Rüfen) und Überschwemmungen weitere Schäden bewirken.
- Kahlschlag führt zum Verschwinden oder Aussterben von Tier- und Pflanzenarten.

- Die Überlebensrate von Tannensetzlingen bei der Wiederaufforstung liegt im ersten Lebensjahr nur bei 60%.
- Bei der Wiederaufforstung mit Tannenarten werden unerwünschte Laubbäume und andere Pflanzen mit DDT-ähnlichen PCB-Entlaubungsmittel bekämpft.
- Dadurch werden Gewässer verseucht und somit Lachsbestände und andere Lebewesen dezimiert.

Auch die Holzverarbeitungsindustrie verseucht die Umwelt:

1. Um das geschlagene Holz bei der temporären Lagerung vor Verschimmelung zu schützen, werden chlorhaltige Fungizide verwendet. Werden diese giftigen Fungizide durch Regen ausgewaschen, gelangen sie in den Ökokreislauf.

2. Die Zellstofffabriken wenden nach wie vor die Chlorbleichung an; die verseuchten Abwässer werden ohne Reinigung in die Flüsse respektive ins Meer abgelassen.

Die hochgiftigen Chlorbestandteile und Furane aus Fungiziden und der Bleichung reichern sich vor allem in Schalentieren in den Küstengewässern an, so dass die Provinzregierung schon ganze Küstenregionen für den Fang von Schalentieren sperren musste. Seit August 1990 darf kein Gift auf Chlorbasis mehr verwendet werden, Restbestände wurden aber noch über Jahre aufgebraucht. Die am meisten verwendete, alternative Substanz, das umweltverträglichere TCMTB, ist jedoch für Wasserlebewesen eher noch giftiger. Ein selten verwendetes Mittel auf Zederbasis wäre am umweltschonendsten, für Fische jedoch auch nicht ungiftig. Nur noch 9 von ursprünglich 90 Flüssen an der Westküste der Vancouver-Insel sind intakt und sauber und somit für den Lachs zugänglich.

Der Ruf der kanadischen Forstwirtschaft hat in den letzten zwei Jahrzehnten aufgrund verschiedener Umweltskandale arg gelitten, so dass sich die Regierung gezwungen sah, die Gesetzgebung zu verschärfen. Sie kündigte im September 1991 an, Kanada werde bis ins Jahr 2000 rund 1,2 Mio. km^2 in unantastbare Wald- und Wildnisgebiete umwandeln, d.h. rund 12% der gesamten Landfläche, gemäss der Empfehlung der Brundtland-Kommission der UNO. Auch mittels verstärkter Wiederaufforstung will Kanada die Verluste wettmachen, investiert allerdings nur 150 $ pro ha im Vergleich zu Schweden mit 2 000 $ pro ha. Dennoch beträgt das Defizit zwischen Abholzung und Wiederaufforstung 250 000 ha pro Jahr.

In BC könnten nach forstwirtschaftlichen Kriterien 52% (ca. 52 000 km^2) des an der Küste vorkommenden gemässigten Regenwaldes genutzt werden; davon sind schon zwei Drittel abgeholzt. Umweltschutzgruppen in Kanada und speziell in BC kämpfen Seite an Seite mit den indigenen Gemeinschaften und bemühen sich seit den frühen 80er Jahren gemeinsam darum, den gemässigten Regenwald vor dem Kahlschlag zu bewahren, denn nur 7% (ca. 7 000 km^2) des Regenwaldes waren bis anhin geschützt; inzwischen ist der Schutz von weiteren 9 000 km^2 geplant.

Da 300 000 Arbeitsplätze in BC direkt und indirekt mit der Forstwirtschaft verknüpft sind, laviert die Provinzregierung stets zwischen ökologischen Interessen, Anliegen und Forderungen der Indigenen und wirtschaftlichen Interessen der Arbeitgeber und Arbeitnehmer. Die Regierung hat sich deshalb in den letzten Jahren als ein wenig verlässlicher Verhandlungspartner erwiesen.

Das Beispiel «Clayoquot-Sund»
Der Clayoquot-Sund befindet sich im zentralen Küstenbereich an der Westküste der Vancouver-Insel. Das ganze Küstengebiet war mehrheitlich – über 23 000 km^2 – mit gemässigtem Regenwald bedeckt. Über 90 m hohe Baumriesen, bis zu 3 000 Jahre alt, eine einmalige Biodiversität und eine Biomasse von 1000 Tonnen pro Hektare, 2,5 mal mehr als im tropischen Regenwald, zeichnen den gemässigten Regenwald aus. Die Rote Zeder, die Hemlock-Tanne, die Sitka- und die Douglas-Fichte dominieren. Die zentrale Küstenregion umfasst rund 3 500 km^2 und wird von den fünf Nuu-chah-nulth-Volksgruppen Ahousaht, Hesquiaht, Tla-o-quiaht (früher Clayoquot), Toquaht und Ucluelet bewohnt und landrechtlich beansprucht.

Ungeachtet aller Argumente von Umweltschützern und trotz der Landrechtsansprüche der Ureinwohner entschied die Provinzregierung im April 1993, dass 74% des alten gemässigten Regenwaldes im Clayoquot-Sund abgeholzt werden dürfe (1180 von 1600 km²). Sie erteilte der Firma MacMillan Bloedel die Abholzbewilligung, was niemand verwundert, denn die Provinzregierung ist mit 5% an der Firma beteiligt.

Während des ganzen Sommers 1993 gab es Proteste und Blockaden von Indianern und Umweltschützern; über 900 Aktivisten wurden verhaftet und verurteilt, darunter neben Indigenen auffallend viele Alte und Weisse. Laut einem Greenpeace Communiqé vom Juli 1994 verstiess die Firma MacMillan Bloedel in 60 Fällen gegen die Fischerei- und Waldbau-Richtlinien der Provinz, die erst noch weniger streng sind als diejenigen der USA oder Russlands, ganz zu schweigen von der kaum existierenden Durchsetzungskontrolle. Im Sommer 1995 sah sich die Provinzregierung dann doch gezwungen, den Kahlschlag im Clayoquot-Sund zu stoppen. Der Verlust eines grossen Teils des gemässigten Regenwaldes auf der Vancouver-Insel ist jedoch nicht mehr zu ersetzen; entsprechend gravierend ist die Umweltschädigung.

Im gleichen Jahr nahm die Regierung einen Report zur nachhaltigen Nutzung der Wälder am Clayoquot-Sund entgegen und akzeptierte seine 127 Empfehlungen. Der wissenschaftliche Report ist unter Mitwirkung von Repräsentanten der Nuu-chah-nulth entstanden. Dies lässt einige Hoffnungen für eine Wende in der Forstwirtschaft aufkommen, doch zeigen langjährige Erfahrungen in Kanada und anderswo, dass die Wirtschaft meist am längerem Hebel sitzt. Dazu kommt, dass die Aktionärsmehrheit in der Holzindustrie in BC aus dem Ausland stammt.

Dennoch: Der internationale Druck auf die kanadische Forstpolitik steigt weiter und wird immer konkreter. Greenpeace ist insbesondere in Deutschland aktiv geworden und hat vier Grossverlage dazu gebracht, kein Holz resp. Papier mehr aus dem Clayoquot-Sund zu importieren (Gruner & Jahr, Mohndruck, Axel Springer Verlag, Otto Versand). Auch der Spiegel-Verlag, die Deutsche Telecom (Telefonbücher) und der Verband der Schweizerischen Zellstoff-, Papier- und Kartonindustrie verzichteten ab 1994 respektive 1995 auf Zellstoff der Firma MacMillan Bloedel, ebenso der britische Kleenex-Hersteller Kimberley-Clark. Die neue liberale Regierung von Jean Chrétien hat als Reaktion darauf eine Umweltagentur für die nachhaltige Nutzung der Ressourcen eingerichtet, deren Wirksamkeit allerdings noch abzuwarten ist.

Neben den ökologischen Auseinandersetzungen, vornehmlich zwischen Umweltschützern und der Provinzregierung, stehen seit Jahrzehnten Landrechtansprüche der indigenen Völker an. Nach langem innnenpolitischen Druck ist die Provinzregierung 1990 in Landrechtsverhandlungen mit indianischen Nationen eingetreten, unter Einbezug der Bundesregierung, die ja grundsätzlich für die indigene Bevölkerung verantwortlich ist. 1992 wurde die BC Treaty Commission ins Leben gerufen und ein 6-Punkte-Vorgehen für neue, moderne Verträge beschlossen. Im November 1994 lagen schon 43 Anträge für Verträge auf dem Verhandlungstisch, d.h. 65% aller Gemeinschaften in BC haben ihre Ansprüche angemeldet, unter ihnen auch die Nuu-chah-nulth. Das komplizierte Verhandlungsprozedere beispielsweise um den Clayoquot-Sund dauert schon seit Frühjahr 1994, und ein Ende, geschweige denn ein allseits befriedigendes Ergebnis, ist auch nach zwei Jahren noch nicht abzusehen.

Die Indianer möchten für ihren Lebensunterhalt ebenfalls in der Holzwirtschaft mitmachen, denn die Mehrheit von ihnen ist arbeitslos. Sie kämpfen für eine nachhaltige, selektive Nutzung «ihres» Wald, auch wenn das Einkommen dadurch etwas kleiner würde; verdient heute ein indianischer Holzfäller 40 $ pro Stunde, müsste er bei einer nachhaltigen Nutzung einen bedeutend tieferen Stundenlohn in Kauf nehmen.

Es geht also im Kampf um die Erhaltung der Regenwälder im Clayoquot-Sund nicht nur um eine ökologische Frage, sondern auch um die Landrechte der indigenen Bevölkerung und um ihr Recht, ihre Ressourcen selbstverantwortlich nutzen zu können. Die indigenen Völker verlangen auch, dass bei neuen Naturschutzgebieten, die auf von indianischen Völkern beanspruchten Gebieten ausgesondert werden, folgende Regelung gelten soll: Die Regierungen der Provinz und des Bundes müssen die ansässigen Indianer in das Co-Management dieser Naturschutzparks einbeziehen und ihnen auf diese Weise Arbeitsplätze verschaffen.

Das Worldwatch Institute fasst diesen Sachverhalt in seinem Jahresbericht von 1994 wie folgt zusammen: «Sollten die entrechteten Gruppen, die um ihres Lebensunterhalts willen von Wäldern abhängig sind, keinen grösseren Einfluss auf ihr Schicksal erringen, gibt es keine Hoffnung auf Rettung der Wälder.»

(Über die ökologischen und landrechtlichen Auseinandersetzungen der Nordwestküsten-Indianer informieren die Zeitschriften *Incomindios* und *Coyote* regelmässig.)

3. Anregungen für den Unterricht

Materialien

– Arbeitsblatt 13a/b: Argumente der Indianer, Regierung, Umweltschützer und Holzwirtschaft
– Lesetext 3: Gespräch mit Joe Martin
– Dias. Nr. 1–6, (47), 49, 50

Einstiegsmöglichkeiten

● Da anzunehmen ist, dass die Schüler/innen auch schon in anderem Zusammenhang mit dem Thema des auch bei uns stark bedrohten Lebensraumes in Berührung gekommen sind, kann beim dortigen Kenntnis- und Verständnisstand angeknüpft werden.

Andernfalls können folgende Stichworte eingeworfen werden, um im Sinne einer Einstimmung in das Thema «Die bedrohte Umwelt» an der Nordwestküste ein Gespräch/ eine Diskussion über die mannigfachen Gefährdungen unserer Umwelt in Gang zu setzen:

Luft- und Wasserverschmutzung (Ozonloch, Chemieunfälle) – Waldsterben (Erosion, Bannwälder!) – Tierhaltung (Schweinemast etc.) – Energieverbrauch (schwindende Erdölressourcen) etc.

Welche Gegenmassnahmen können ergriffen werden? Wo ist dies bereits geschehen, wo nicht? (Luftreinhaltevorschriften, Förderung des öffentlichen Verkehrs, Elektromobil etc.)

Welches sind die Gründe für die immer noch fehlende, mangelhafte oder arg schleppende Realisierung eines nachhaltigen Umweltschutzes? (Gewinnsucht, fehlende Einsicht, Finanzknappheit etc.).

Thematische Vorschläge

● Unter Beizug der thematischen Grundinformation kann den Schülerinnen und Schülern in groben Zügen die Situation des exzessiven Kahlschlags und der dahinterstehenden Problematik einschliesslich der Rettungsversuche an der Nordwestküste dargelegt werden (auch im statistischen Vergleich mit Brasilien!).

● Die indianischen Völker der Nordwestküste reagieren wie andere indigene Völker auf vielfältige Weise auf die Bedrohungen ihres Lebensraumes und ihrer Lebenarten. Es ist hier nicht Platz, um auf alle Reaktionsformen einzugehen.

Das politische Lobbying zum Beispiel kommt im Interview mit Joe Martin (Lesetext 3) zum Ausdruck und wird auch im Arbeitsblatt 13a/b «Argumente der Indianer, Regierung, Umweltschützer und Holzwirtschaft» thematisiert. Die Argumente sind so zusammengestellt, dass sie in einem Streitgespräch zwischen Indianern, Umweltschützern, Vertretern der Provinzregierung und Holzwirtschaft vorgebracht und entkräftet werden können. Das Streitgespräch ist auch als Rollenspiel denkbar.

● Wie sich Kunstschaffende mit der gegenwärtigen Lage auseinandersetzen, wird im Unterrichtsthema «Kunst der Nordwestküste: Zeitgenössische Künstlerinnen und Künstler» behandelt. Dort finden sich auch zwei Lieder des Sängers David Campbell (vgl. Lesetext 9b–e), in denen von der Wiederbelebung des traditionellen Kunstschaffens die Rede ist, nämlich die Kunst des Holzschnitzens und die Webkunst der Salish-Frauen.

● Zu Lesetext 3: Joe Martin reiste als Vertreter der Zentralregion des Nuu-chah-nulth Tribal Council im Herbst 1993 durch Europa, um auf den Kahlschlag im Gebiet des Clayoquot-Sunds an der Westküste der Vancouver-Insel aufmerksam zu machen. Die Provinzregierung von British Columbia hatte Kahlschlag-Konzessionen vergeben, gegen die sich eine beite Front bildete, woran in erster Linie die Nuu-chah-nulth-Gemeinschaften beteiligt waren. Sie beanspruchen dieses von ihnen traditionellerweise benutzte und bewohnte Gebiet, zumal sie es nie durch einen Vertrag an den kanadischen Staat oder an die Provinz abgetreten haben. (Das Interview führte Jeannette Lattner; es wurde im Oktober 1993 in der deutschen Zeitschrift *Coyote*, Nr. 4, 1993, S. 12-17, veröffentlicht; die hier vorliegende Version ist gekürzt und überarbeitet.)

Argumente der Indianer, Regierung, Umweltschützer und Holzwirtschaft

Argumente der Indianer

● Wir haben weder durch Kriege noch durch Verträge unser Land den Weissen abgetreten; deshalb verlangen wir, dass unsere traditionellen Lebensräume endlich anerkannt werden, mit andern Worten, dass die Provinzregierung endlich in Verhandlungen über unsere Landrechte eintritt. Wir akzeptieren nicht mehr, dass die Regierung von British Columbia noch heute laufend Entscheidungen über unsere Köpfe hinweg beschliesst, obwohl sie uns ein Mitbestimmungsrecht versprochen hat.

● Wir haben während Jahrtausenden die natürlichen Ressourcen – zum Beispiel Holz, Nutzpflanzen und Fische – ohne jegliche Zerstörung oder Ausrottung genutzt. Da wir Respekt haben gegenüber der ganzen Natur, wissen wir besser mit ihr umzugehen als die Weissen. Deshalb verlangen wir das uneingeschränkte Verfügungsrecht über die Ressourcen auf unseren Territorien.

● Wir sind Fischer und Holzfäller. Deshalb sind wir nicht grundsätzlich gegen die wirtschaftliche Nutzung des Waldes, aber wir wollen selber bestimmen, wie und wieviel geholzt wird, denn neben der Fischerei ist die Waldnutzung die wichtigste Einkommensquelle für uns Indianer.

● Es geht nicht nur um den Schutz der Wälder, sondern vornehmlich um unsern Landbesitz und um das Verfügungsrecht über die Ressourcen. Deshalb sind wir gegen das Konzept von Naturschutzparks, in denen unsere Landrechte missachtet werden. Wir leben in diesem Gebiet und wollen keine Ausstellungsobjekte in einem «Freilichtmuseum» sein. Wenn schon müssten Schutzgebiete so gestaltet werden, dass wir nach wie vor die Kontrolle über das Land behalten können.

● Das Überleben der Nuu-chahnulth ist untrennbar mit dem Überleben der Regenwälder verknüpft. Sie sind die Kirchen für unsere Gebete. Nur dort sind wir vollständig vom Leben umgeben; nur dort können wir unsere geistige Verbindung mit allen Lebewesen aufrecht erhalten.

Argumente der Regierung

● Wir wollen den Wald nutzen und schützen: deshalb haben wir zwischen 1990 und 1994 verschiedene neue Forstgesetze erlassen, die die Vorschriften und die Überwachung der Forstwirtschaft verschärfen.

● Die Forstwirtschaft schafft den grössten Teil unseres Volkseinkommens. Liberale Wirtschaftsgesetze sind wichtig für eine blühende Forstwirtschaft.

● Die Indianer haben kein Anrecht auf mehr Land, denn ihre ursprünglichen Landrechte sind mit der Schaffung der Provinz im 19. Jahrhundert erloschen.

● Die Umweltschützer informieren einseitig und falsch und schaden somit dem Ruf unserer Provinz.

● Der Aufruf sogenannter Umweltschützer zum Boykott der Produkte aus unserer Holzindustrie schadet der Wirtschaft insgesamt.

● Wir erkennen die Beziehungen zwischen den Ersten Nationen und der Regierung von British Columbia als eine Beziehung von Regierung zu Regierung an. Deshalb dürfen die Indianer an der Entscheidungsfindung bezüglich der Holzindustrie teilnehmen.

Argumente der Umweltschützer

● Seit 1960 hat sich die Abholzung verdreifacht, die Arbeitsplätz aber pro Kubikmeter dank Mechanisierung halbiert; zwischen 1985 und 1995 wurden über 20 000 Waldarbeiter entlassen und durch neuartige Maschinen ersetzt; trotz Expansion der Holzwirtschaft gibt es heute weniger Arbeitsplätze in diesem Wirtschaftssektor. Die Holzwirtschaft schafft nur kurzfristig Arbeitsplätze.

● Mit der Kahlschlagmethode verhindert die Holzwirtschaft eine zukunftsträchtige, nachhaltige Nutzung.

● Die Provinz verhält sich wie ein Entwicklungsland: Sie exportiert ihren wichtigsten Rohstoff zum grössten Teil unverarbeitet ins Ausland, 50% davon allein in die USA.

● In British Columbia werden pro 1000 m³ Holz weniger Arbeitsplätze in der Holzverarbeitungsindustrie angeboten als in andern kanadischen Provinzen und in den USA.

● Es geht nicht nur um Bäume, es geht um ein grossartiges, ineinander verwobenes ökologisches System, das geschützt werden muss.

● Der Regenwald muss um jeden Preis geschützt werden, denn nur 10% aller bisherigen gemässigten Regenwälder existieren noch, und davon befindet sich die Hälfte an der Nordwestküste Amerikas. Deshalb soll der ganze Clayoquot-Sund unter Schutz gestellt werden.

● Die Leute, die im Clayoquot-Sund leben, leben vor allem vom Tourismus und vom Fischfang; darum bedeutet das Abholzen der Wälder eine Bedrohung ihres Lebensunterhaltes.

Argumente der Holzwirtschaft

● Die Hälfte des Einkommens in der Provinz British Columbia wird durch die Holzwirtschaft erarbeitet.

● Deshalb ist es sehr wichtig, dass wir den Wald mittels geplanter und sorgfältiger Erntemethoden nutzen.

● Die Kahlschlagmethode ist eine einfache, wirtschaftliche und effiziente «Ernte»-Methode im Einklang mit dem Nachhaltigkeitsprinzip.

● Durch fortlaufend verfeinerte Forstpraktiken wachsen die gepflanzten Bäume besser und in kürzerer Zeit, als dies Mutter Natur schafft.

● Unser wissenschaftliches Wald-Management steigert den Ertrag an Holz pro Hektare um 40% gegenüber demjenigen aus ungepflegten Wäldern.

● Wir haben gelernt und die bisher ungenügende Wiederaufforstung seit 1987 stark verbessert, die Überlebensrate der Tannensetzlinge zum Beispiel stieg von 50% auf über 80%.

● Die Forderungen nach mehr Umweltschutz sind völlig übertrieben, die Natur erholt sich von selbst.

Gespräch mit Joe Martin

Joe Martin

Frage: Joe Martin, du bist Angehöriger der Tlay-o-qui-aht, die zusammen mit den 13 andern «Stämmen» des Volkes der Nuu-chah-nulth an der Westküste der Vancouver-Insel leben. Lebst du selbst im Gebiet des Clayoquot-Sunds?

Joe Martin: Ich lebe in der Nähe von Tofino, im Clayoquot-Sund. Meine Familie lebt in Opisat; das ist ein kleines Dorf auf der Meares-Insel.

Frage: Womit verdienst du dir den Lebensunterhalt?

Joe Martin: Ich bin selbstständig erwerbend und führe ein Geschäft für «Naturtourismus». Das beinhaltet unter anderem die Organisation und Durchführung von Bootsausflügen zur Wal-Beobachtung und Wanderungen für Touristen. Während der Wintermonate unterrichte

ich die traditionelle Kunst des Kanubaus. Auch weisse Leute, die daran interessiert sind, können am Unterricht teilnehmen.

Frage: Wie gross war das ursprüngliche Territorium der Zentralregion der Nuu-chah-nulth und wieviel davon gehört euch heute?

Joe Martin: Schätzungsweise waren es früher mindestens 2 000 km², die zum Gebiet der Zentralregion der Nuu-chah-nulth gehörten. Heute gehören uns nur noch 15,28 km², aufgeteilt in 67 kleine Reservationen; eine unserer kleinsten Reservationen ist etwa 2 000 m² gross. Nur in acht existieren dauernd bewohnte Siedlungen. Aber immer noch 43% der Bevölkerung im Clayoquot-Sund sind Angehörige der Nuu-chah-nulth.

Frage: Wieviele Personen sind Angehörige der Tla-o-qui-aht?

Joe Martin: Die Nuu-chah-nulth umfassen etwa 6 200 Personen, davon sind ungefähr 600 Tla-o-qui-aht, die in zwei Dörfern leben. Das Hauptdorf ist Opitsat auf der Meares-Insel, das andere ist Esowista im Gebiet des Pazific Rim Nationalpark. Es leben weitere Angehörige meines Volkes in verschiedenen Teilen Kanadas und in den USA.

Frage: Wovon bestreiten die Nuu-chah-nulth hauptsächlich ihren Lebensunterhalt?

Joe Martin: Im Clayoquot-Sund haben lediglich 30% der Indianer eine Arbeit. Davon sind die meisten Angestellte; es gibt auch einige Fischer. Nur wenige von uns arbeiten im Tourismus. Von meinem Stamm arbeiten meines Wissens nur zwei bis drei Personen in der Holzwirtschaft. Die restlichen 70% meines Volkes sind arbeitslos und müssen von der Sozialhilfe leben.

Frage: Im ganzen Gebiet der heutigen Provinz British Columbia (BC) gab es keine Indianerkriege. Auch wurde zum Beispiel das Gebiet des Clayoquot-Sund von den Nuu-chah-nulth nie durch Verträge an die Regierung von BC oder Kanada abgetreten. Habt ihr schon Gerichtsprozesse über die Landrechte gegen die Regierung geführt?

Joe Martin: 1984 haben wir einen Gerichtsprozess gegen den multinationalen Holzkonzern MacMillan Bloedel und die Regierung von BC angestrengt. Dieser Prozess führte leider für uns nur zu einem hohen finanziellen Aufwand von 1,5 Mio. Dollar. Damals begannen erste Verhandlungen mit der Regierung, die bis heute noch keine konkreten Ergebnisse erbrachten.

Frage: Seit wann bist du selbst aktiv geworden gegen den Kahlschlag im Clayoquot-Sund?

Joe Martin: Ich engagiere mich seit Anfang der 80er Jahre gegen den Kahlschlag unserer Wälder. In der

Zeit davor war ich 12 Jahre in der Forstindustrie tätig und habe so die verheerenden Auswirkungen der Kahlschläge selbst gesehen. Unser Kampf wurde 1984 aktiv mit Strassenblockaden auf der Meares-Insel, an der sich auch meine Familie beteiligte. Mit einer viermonatigen Blockade wollten wir verhindern, dass die Holzfäller ins Gebiet vordringen konnten, wo MacMillan Bloedel Kahlschlag-Lizenzen hatte. Wir erhielten in dieser Zeit auch Unterstützung von andern indianischen Völkern und von Naturschutzorganisationen.

Frage: Welchen Umfang haben die Kahlschläge im Clayoquot-Sund?

Joe Martin: Heute existieren lediglich noch 33% des ursprünglichen Regenwaldes auf der Vancouver-Insel, und davon befindet sich der grösste Teil im Gebiet des Clayoquot-Sunds.

Frage: Gibt es für die Kahlschläge irgendwelche Entschädigungen für die betroffenen Völker?

Joe Martin: Keiner der Stämme an der Westküste der Vancouver-Insel hat durch die Kahlschläge je einen Vorteil erlangt. Es wurden keine Entschädigungen bezahlt. Da keine Landverträge existieren, behandelt die Regierung von BC das Gebiet als ihr Eigentum.

Frage: Wer setzt sich vorwiegend gegen den Kahlschlag ein: Indianer oder Weisse?

Joe Martin: Ich denke, sowohl als auch. Die Strassenblockaden im letzten Sommer wurden von der Naturschutzorganisation «Freunde des Clayoquot-Sunds» durchgeführt. An den Blockaden nahmen keine Angehörigen meines Volkes teil. Das geschah aus gutem Grund: Eine Teilnahme an den Blockaden wäre uns von der Regierung als militanter Akt ausgelegt worden und hätte der Regierung ermöglicht, jegliche Verhandlung mit unserem Volk abzulehnen. Unser Ziel ist es jedoch, von der Regierung vertraglich vereinbarte Landrechte zu erhalten.

Frage: Wie gestaltet sich die Zusammenarbeit mit den Naturschutzorganisationen?

Joe Martin: Während der Planung für die Blockaden durch die Naturschützer waren wir nicht miteinbezogen worden, obwohl es dabei ja um unser Land ging. Wir respektieren jedoch die geleistete Arbeit dieser Gruppen. Wir haben den Organisationen, die gegen die Abholzung unserer Wälder protestierten, erklärt, wie wir die Problematik sehen. Wir lehnen zum Beispiel die Schaffung von Nationalparks strikte ab, da auf diese Weise der Zugang zu den natürlichen Ressourcen, die wir benötigen, wie Fische und auch Holz, eingeschränkt wird. Nun beginnen einige Organisationen über unsere Landrechte und über die Verstösse gegen die Menschenrechte in unserem Gebiet zu sprechen.

Frage: Was erhofft ihr euch von den Aktionen und welches ist das wichtigste Ziel eures Einsatzes?

Joe Martin: Da wir bisher weder Übereinkünfte mit der Regierung noch sonst irgendwelche zufriedenstellende Lösungen der Probleme erzielen konnten, bleibt uns als einzige Möglichkeit, uns an die UNO zu wenden. Unser Ziel ist es, dass die Kontrolle über das Land nicht der Regierung oder der Holzindustrie obliegt, sondern dass mein Volk eigenverantwortlich für das Gebiet entscheiden kann.

Frage: Wie reagiert eigentlich die Öffentlichkeit auf die Proteste?

Joe Martin: Es entsteht ein wachsendes Bewusstsein der Leute für die katastrophalen Auswirkungen der Methoden der Forstwirtschaft auf die Umwelt. Deshalb erfahren wir auch jährlich mehr und mehr Unterstützung. Ob die Leute sich auch für die Rechte der Indianer interessieren, weiss ich nicht. Aber ich bin schon froh, dass sie gegen die Umweltzerstörung vorgehen.

(Überarbeitetes und gekürztes Interview vom Oktober 1993, aus: *Coyote* Nr. 4, 1993, 12-17)

Mythos und Kunst

Indianische Mythen und Erzählungen

1. Begründung und Ziel

Was uns die griechische, römische oder germanische Mythologie mit ihren Götter- und Heldensagen oder die berühmte Märchensammlung der Gebrüder Grimm bedeuten, sind für die nordamerikanischen Indianer all die überlieferten Geschichten, «die vom Ursprung des Menschen und seinen Bräuchen handeln und Bezug auf übernatürliche Verbindungen und Ereignisse nehmen».
(Bancroft und Forman: *Totempfahl und Maskentanz*. 1980, S. 89).

Anhand von ausgewählten Beispielen und mit Hilfe von Gegenüberstellungen oder Vergleichen wird den Schülerinnen und Schülern ein erster Einblick in Denken oder Glaubensüberzeugungen der Nordwestküsten-Indianer vermittelt. Dieser ist – zumindest bei höheren Klassen – geeignet, als Grundlage für weiter ausholende Erörterungen über Herkunft und Bedeutung geistig-religiöser Tradition dort und hier bei uns zu dienen.

Jüngere Schüler/innen werden allein durch das Kennenlernen der teils sehr fremd, teils auch wieder sehr vertraut anmutenden «Geschichten» eine erste Ahnung dessen bekommen, wie und was Menschen auch anderswo über ihre Existenz denken und fühlen.

2. Thematische Grundinformation

Auch für das Kulturareal der Nordwestküste existiert eine ganze Reihe von Mythen und Erzählungen, die während Jahrhunderten mündlich von Generation zu Generation weitergegeben wurden. Erst seit Ende des letzten Jahrhunderts wird dieser Erinnerungsschatz, der mehr und mehr in Vergessenheit zu geraten droht, auch schriftlich festgehalten. Wir unterscheiden dabei zwischen Mythen und Erzählungen:

Die *Mythen* spielen in der Urzeit und in der Welt der göttlichen Wesen und Geister; viele dieser Wesen konnten sich von einer Menschen- in eine Tiergestalt und umgekehrt verwandeln. Es war kein Paradies oder Goldenes Zeitalter, sondern eher eine fremdartige, chaotische Welt, die erst durch die Schöpfung zur «realen» Welt zurechtgerückt werden musste, um den eigentlichen Menschen einen geordneten Lebensraum zu bieten.

In ätiologischen, d.h. erklärenden Mythen wird zum Beispiel erzählt, wie es Tag und Nacht wurde, Sonne und Mond ihren heutigen Platz erhielten, die eigentlichen Menschen auf der Erde erschienen, der Lachs zur Hauptnahrung wurde usw. In diesen Mythen spielt auch der Kulturheros, Rabe Yel, eine zentrale Rolle. Rabe ist aber auch ein Schelm, über den es zahllose Erzählungen gibt, die für die Indianer der Nordwestküste grossen Unterhaltungswert haben.

Erzählungen hingegen berichten zum Beispiel, wie ein real existierender Klan durch einen sagenhaften Klan-Begründer sozusagen zum Leben erweckt wurde. Sie stellen heute eine unentbehrliche Quelle für die mannigfachen Wiederbelebungsversuche der alten indianischen Traditionen dar. Denn viele Erzählungen enthalten nicht nur Erklärungen darüber, wie Zeremonien entstanden sind, sondern auch Beschreibungen ihrer Durchführung. Sie berichten von den Ursprüngen und Privilegien der Klane, können also mithin als eine Art Gründungsurkunde oder Charta verstanden werden, die die Ansprüche der einzelnen Klane (vgl. Kapitel «Die soziale Ordnung», S.16) definiert bzw. bestätigt.

Wie die vergleichende Mythen- und Märchenforschung herausgefunden hat, sind gewisse Motive wie z.B. die Welterschaffung, der Licht- respektive Feuerdiebstahl, der Kampf gegen Not und Hunger, des Helden Gang in die Unterwelt oder die Nachtmeerfahrt an keinen bestimmten geographischen Ort gebunden, sondern können überall auf der Welt vorkommen. Dies dürfte die Vermutung bestätigen, dass die Menschheit über einen gemeinsamen Schatz an Erinnerungen in Form von Erzählungen respektive Mythen verfügt, die sich unabhängig voneinander in ganz verschiedenen Weltgegenden manifestieren können. Nach C.G. Jung sitzt dieses mythische Gedächtnis im kollektiven Unbewussten, an dem grundsätzlich jeder Mensch teilhat.

Neben der Kenntnisnahme solcher Übereinstimmungen gilt es bei der Beschäftigung mit den nachstehend ausgewählten Mythen von der Nordwestküste vor allem einmal, die uns zunächst fremd anmutenden Geschichten in ihrem So-Sein auf uns wirken zu lassen.

Vielleicht spüren wir dann bereits etwas von jener Faszination, die von alten Wahrheiten ausgeht. Wenn es uns überdies gelingt, uns momentweise in die Zuhörerinnen respektive Zuhörer zu versetzen, die sich durch die Vorträge solcher Mythen oder Erzählungen unterhalten, belustigen und belehren liessen, ist ein weiterer Schritt zur Annäherung getan. Hintergründe und Bedeutung der angeführten Beispiele können in diesem Zusammenhang nur in groben Zügen erfasst und behandelt werden.

3. Anregungen für den Unterricht

Materialien

– Lesetext 4: Rabe und die Menschen
– Lesetext 5: Rabe und der Mond
– Lesetext 6: Wie die Mücken entstanden
– Lesetext 7: Der Ursprung des nagenden Bibers
– Dias Nr. 34, 35

Einstiegsmöglichkeiten

● die Schülerinnen und Schüler nennen ihr Lieblingsmärchen beziehungsweise ihre Lieblingssage und begründen kurz ihre Wahl. Wann haben sie den Text zum ersten Mal gehört? Worauf kommt es ihnen beim Zuhören besonders an? (Z.B. auf die immer gleichen Wörter und Wendungen, denn jede Abweichung wird als irgendwie störend, ja unstatthaft empfunden!)

● Ältere Schülerinnen und Schüler nennen Gestalten aus der antiken (oder germanischen) Mythologie, die ihnen besonderen Eindruck gemacht haben (z.B. Prometheus, Dädalus und Ikarus, Odysseus, Orpheus und Eurydike etc.).

● Welche Rolle spielen Tiere im Märchen, in Sagen? (Froschkönig, Rotkäppchen und der böse Wolf, Der Wolf und die sieben Geisslein, Ritter Georg im Kampf gegen den Drachen etc.)

● Worin unterscheiden sich Fabeln von Märchen? Was macht das Besondere von Fabeln aus? Diese sind überaus kunstvoll verfasst und zum Teil von hoher literarischer Qualität (vgl. LaFontaine). Die Tiere handeln und sprechen wie Menschen in einem beispielhaft guten oder schlechten Sinn; aus ihrem Verhalten lassen sich moralische Schlüsse ziehen. Fabeln sind moralische Lehrstücke über falsches oder richtiges Verhalten.

● Wir erinnern uns an kollektive Erlebnisse z.B. anlässlich einer Autorenlesung in der Schulbibliothek oder an eine Theateraufführung oder auch an einen Sportanlass, an denen wir teilnahmen. Wie wirken solche gemeinsamen Erlebnisse auf uns?

● In Mythen oder Märchen geschehen häufig Dinge, die völlig unwahrscheinlich sind, ans Wunderbare grenzen. Erinnert sei etwa an die Taten des Herakles, aber auch an die des Tapferen Schneiderleins. Die Schüler/innen sammeln aus Zeitschriften und Zeitungen Berichte von heutigen Ereignissen, Taten, Vorgängen, die ihnen unwahrscheinlich respektive wundersam vorkommen und begründen ihre Wahl.

Thematische Vorschläge

● Wir lesen den Mythos «Rabe und die Menschen» (Lesetext 4). Was fällt uns dabei besonders auf? Wie wirkt das Bild der riesigen Muschelschale, die voller kleiner (Menschen)-Geschöpfe ist, auf uns? Wie stark muss dieses Bild offenbar auch auf die indianischen Zuhörer/innen – bekanntlich wurden die Mythen mündlich weitergegeben – gewirkt haben?

Dass solche Mythen und Motive auch wandern können, beweist uns das Fundstück «Der Mensch in der Muschel» (Dia Nr. 34). Es wurde in einer vor 500 Jahren durch einen Erdrutsch verschütteten Siedlung ausgegraben. Wir finden den Fundort auf der Karte am Nordwestzipfel der Olympia-Halbinsel im US-Staat Washington. Dieses Gebiet war und ist bis heute von den Makah-Nootka besiedelt. Unser Lesetext «Rabe und die Menschen» stammt jedoch von den Haida, deren Lebensraum sich einige hundert Kilometer weiter nördlich befindet.

Bei «Rabe und die Menschen» handelt es sich offenkundig um einen sogenannten Schöpfungsmythos, der uns erzählt, woher die Menschen stammen. Auch wir stellen uns ab und zu die Frage, woher denn wir stammen, wann und wie denn unsere Welt von wem erschaffen worden ist. In der Bibel beispielsweise erfahren wir etwas darüber, wie der alttestamentarische Gott die Welt und den Menschen in sechs Tagen erschaffen hat. (Vgl. 1. Buch Mose, Kap. l, 1-31).

Wie lebendig der indianische Mythos heute noch ist, beweist uns der Haida-Künstler Bill Reid mit seiner grossen Holzskulptur. (Siehe auch Dia 35) Wir beschreiben mündlich, ev. schriftlich die künstlerische Umsetzung des Motivs «Der Rabe befreit die Menschen» und vergleichen sie mit dem viel älteren Fundstück von oben.

● Wir lesen den etwas längeren Text «Rabe und der Mond» (Lesetext 5), ebenfalls ein Schöpfungsmythos, diesmal von den Tsimshian. Auch dieser Mythos fand in verschiedenen Variationen grosse Verbreitung und war oftmals mit dem ähnlich aufgebauten Mythos «Rabe und die Sonne» verknüpft. Rabe hat also nicht nur den Mond, sondern auch die Sonne und die Sterne an den Himmel «gepflanzt». Im Alten Testament ist es Gott, der die Lichter/Gestirne am Himmel schuf (vgl. 1. Buch Mose, Kap. l, 14–17).

Der den Mond oder die Sonne stehlende Rabe ist ein häufig verwendetes Motiv im neueren indianischen Kunstschaffen, sei es bei den Argillit-Schnitzern auf den Queen-Charlotte-Inseln, sei es in Siebdrucken, der am weitesten verbreiteten neuen Kunstform an der Nordwestküste.

● Lektüre der Erzählung «Wie die Mücken entstanden» (Lesetext 6). An welche uns aus frühen Kindheitstagen vertraute Erzählgattung erinnert uns diese den Tlingit zugeschriebene Geschichte? Auch in unseren Märchen treten immer wieder Riesen auf, die ihr Unwesen treiben und am Ende ein Opfer ihrer Naivität oder Dummheit werden (z.B. David und Goliath, Das tapfere Schneiderlein). Was zeichnet den Mann, der den Riesen umbringt, besonders aus? (Mut, Schlauheit, Heldenhaftigkeit). Ähnliches findet sich auch in der Odyssee des Homer (vgl. den Kampf des Odysseus mit dem ein-

äugigen, menschenfressenden, riesenhaften Kyklopen Polyphemos im 9. Gesang).

Bei «Wie die Mücken entstanden» handelt es sich um ein typisches Beispiel einer erklärenden (ätiologischen) Erzählung, wie sie bei allen Völkern der Erde vorkommt. Auch wenn solche erklärenden Mythen in der Regel unseren wissenschaftlichen Erkenntnissen nicht standhalten, haben sie oft mehr an erkennender Weisheit vorzuweisen als manch heutige Aussage der Wissenschaften.

● Die längste der Mythenerzählungen »Der Ursprung des nagenden Bibers« (Lesetext 7) ist etwas anspruchsvoller und eignet sich deshalb vor allem für Oberstufenschüler/innen. Jüngere Leser/innen werden sich vor allem über die spannend erzählte Geschichte freuen, die eine klare Entwicklung aufweist und eindrücklich zeigt, wie die Biber durch die Verwandlung der Frau entstanden sind. Solche Verwandlungen sind übrigens gerade auch in Märchen (z.B. Froschkönig) recht häufig anzutreffen. Wir vergegenwärtigen uns nach der Lektüre noch einmal, wie sich das Verhalten der Frau durch die immer längeren Abwesenheiten ihres Mannes verändert. Gleichsam Stufe um Stufe kommt etwas hinzu, was auf die Verwandlung in eine Biberfrau am Ende hinweist (Schrittweise Erschaffung eines Lebensraumes für Biber).

Für ältere Schüler/innen dürften einige Zusatzerläuterungen angebracht sein. Die Einhaltung von Regeln und Tabus ist eine verbreitete Erscheinung bei jägerischen Völkern; insbesondere wird immer wieder sexuelle Enthaltsamkeit gefordert, sowohl vom Jäger wie von seiner Frau. Die Verwandlung der jungen Frau in eine Biberfrau ist demzufolge auf die Übertretung eines Verbotes zurückzuführen oder als Folge eines Tabubruches anzusehen. Entgegen der gültigen Tradition hat das junge Paar im «fremden Land» das Gebot der sexuellen Enthaltsamkeit während der Jagdzeit missachtet.

Gibt es auch bei uns solche Regeln, Vorschriften, Verbote oder Tabus? (Z.B. Mädchen schlägt man nicht, die zehn Gebote, Verletzung der Menschen- respektive Kinderrechte, Todesstrafe, Inzestverbot, d.h. keine Heiraten unter Geschwistern etc.)

Was geschieht, wenn solche Regeln, Vorschriften, Verbote oder Tabus missachtet resp. überschritten werden? (Schuldgefühle, Bestrafung, Protest ...) Worin kann der Sinn sexueller Enthaltsamkeit liegen, nicht nur inbezug auf den Mythos «Der Ursprung des nagenden Bibers», sondern auch auf unser eigenes Verhalten?

Noch ein anderer Gesichtspunkt verdient Beachtung. Die Erwähnung des Stikine-Flusses in Südost-Alaska könnte so interpretiert werden, als ob die Haida ursprünglich von den Tlingit abstammten. Der mythische Charakter der Erzählung deutet aber darauf hin, dass die Besiedlung der Queen-Charlotte-Inseln («des fremden Landes») zwar aus den nördlichen Küstenbereichen erfolgte, aber lange bevor sich die späteren Tlingit und Haida formierten.

Rabe und die Menschen
Ein Schöpfungsmythos der Haida

Rabe Yel trollte eines Tages gelangweilt am Strand entlang. Gereizt rief er gen Himmel und zu seiner Überraschung bekam er Antwort, allerdings nur ein dumpfes Gekrächze. Er schaute neugierig umher und erblickte zu seinen Füssen eine riesige Muschelschale. Sie öffnete sich einen Spaltbreit, und er sah, dass sie voll kleiner Geschöpfe war, die ängstlich herausschauten. Yel freute sich ob der Zerstreuung und begann mit der sanften Zunge eines Ränkeschmiedes zu locken und zu drängen, die Muschelbewohner möchten doch herauskommen und mit ihm spielen. Es dauerte gar nicht lange, da wagte sich ein Wesen nach dem andern aus der Muschel hinaus, scheu und sehr schreckhaft. Es waren sonderbare Geschöpfe: zweibeinig wie Rabe Yel, aber ohne glänzendes Gefieder, nur mit blasser Haut bedeckt, nackt bis auf ihr langes, schwarzes Haar auf dem runden, schnabellosen Kopf. Anstelle von Flügeln hatten sie stockartige Anhängsel. Doch Yel war sehr zufrieden und vergnügte sich mit seinen neuen Spielgefährten – den ersten Menschen.

(Aus: Maximilian Bruggmann und Peter R. Gerber, *Indianer der Nordwestküste.* Zürich 1987, S. 24)

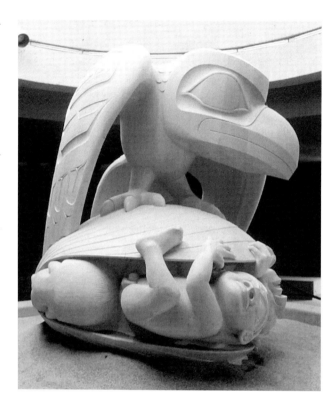

Rabe Yel befreit die Menschen aus der Muschel; zwei Meter grosse Skulptur aus Zedernholz, die der Haida-Künstler Bill Reid 1980 für das Museum of Anthropology in Vancouver schuf

78

Rabe und der Mond
Ein Schöpfungsmythos der Tsimshian

Eines Tages hörte der Rabe von einem alten Fischer, der allein mit seiner Tochter auf einer Insel weit oben im Norden wohne und eine Schachtel besonderen Inhalts besitze. Diese solle ein helles Licht enthalten, das den Namen «Mond» trage. Er überlegte, wie er in den Besitz dieser wunderbaren Schachtel gelangen könne. Auf der Insel angekommen, verwandelte er sich in ein Blatt an einem Busch vor dem Hause des Fischers. Als des Fischers Tochter von diesem Busch Beeren pflückte, stiess sie zufällig an den Zweig, der das Blatt trug. Es fiel hinunter und drang in ihren Körper ein. Nach einiger Zeit gebar sie einen dunkelhäutigen Knaben mit einer langen Hakennase, die fast wie ein Vogelschnabel aussah. Sobald er kriechen konnte, schrie er nach dem Mond. Er klopfte an die Schachtel und rief unaufhörlich: «Mond, Mond, glänzender Mond!»

Zuerst gab niemand acht auf sein Geschrei; als aber das Kind immer lauter weinte und fester an die Schachtel klopfte, sagte der alte Fischer zu seiner Tochter: «Vielleicht sollten wir dem Jungen den Lichtball zum Spielen geben.» So öffnete sie die Schachtel, fand eine weitere darin und in jeder folgenden eine kleinere. Alle waren schön geschnitzt und bemalt, und in der zehnten befand sich ein Netz aus Nesselfäden. Die Tochter zerriss das Netz und öffnete den Deckel der innersten Schachtel. Im selben Augenblick war die Hütte von grosser Helligkeit erfüllt. Vater und Tochter sahen den Mond in der Schachtel liegen, strahlend, rund wie ein Ball, und aus weissem Licht. Die Mutter warf dem Söhnchen die wunderbare Kugel zu. Es fing sie auf und hielt sie so fest, dass sie glaubten, nun sei es zufrieden. Doch nach ein paar Tagen begann das Kind erneut, unruhig zu werden und zu schreien. Es tat dem Grossvater leid, und er bat seine Tochter herauszufinden, was es wolle. Die Mutter entnahm dem Geschrei ihres Söhnchens, dass es die Sterne am dunklen Himmel sehen wolle, die seinen Blicken durch das Brett über dem Rauchloch verdeckt waren.

Gutmütig sagte der alte Fischer: «Öffne das Rauchloch.» Kaum hatte seine Tochter das getan, als sich das Kind wieder in den Raben zurückverwandelte. Mit dem Mond im Schnabel flog der listige Rabe davon. Nach einer Weile liess er sich auf einer Bergspitze nieder und schleuderte den Mond in den Himmel, wo er noch hängt bis auf den heutigen Tag.

(Überarbeitete Fassung, aus: Cottie Burland, *Mythologie der Indianer Nordamerikas*. Wiesbaden 1970, S. 38f.)

Wie die Mücken entstanden
Eine Erzählung der Tlingit

Vor langer Zeit gab es einen Riesen, der gerne Menschen tötete, ihr Fleisch frass und ihr Blut trank; am liebsten hatte er deren Herzen. Die Menschen wünschten verzweifelt, dass diese furchtbare Bedrohung endlich aufhöre, und beriefen eine Ratsversammlung ein. Ein Mann erklärte, er wisse, wie er das Monster töten könne.

Er ging zum Ort, wo der Riese zuletzt gesehen worden war, legte sich hin und stellte sich tot. Bald kam der Riese des Wegs. Er erblickte den Mann und sagte zu sich: «Die Menschen machen es für mich leicht. Ich brauche sie nicht einmal zu fangen und zu töten. Sie sterben gerade richtig auf meinem Wege, wahrscheinlich aus Furcht vor mir.» Der Riese berührte den Körper und stellte fest: «Ah, wie gut, dieser hier ist noch warm und frisch. Welch ein schmackhaftes Mahl dies geben wird; ich kann es kaum erwarten, sein Herz zu rösten.» Er lud sich den Mann, der sich nach wie vor tot stellte, auf die Schultern und trug ihn nach Hause, wo er ihn vor der Feuerstelle auf den Boden warf. Da bemerkte er, dass nicht genug Feuerholz vorhanden war und verliess das Haus, um im Walde Holz zu schlagen.

Nun erhob sich der tapfere Mann und ergriff das grosse Häutungsmesser des Riesen. In diesem Augenblick trat der Sohn des Riesen tief gebückt zur Türe rein. Sofort hielt ihm der Mann das Messer an die Kehle und befahl: «Schnell, verrate mir, wo ist das Herz deines Vaters? Sag es mir, oder ich schlitze dir die Kehle durch!» Der Junge erschrack und sagte: «Das Herz meines Vaters ist in der linken Ferse.»

Kurz darauf kam sein Vater zurück und streckte seinen linken Fuss zur Türe rein, und sogleich stach ihm der Mann in die Ferse. Der Riese schrie auf und fiel tödlich getroffen zu Boden. Im Sterben sagte er: «Obwohl ich sterbe, obwohl du mich tötest, ich werde dich und alle Menschen in alle Ewigkeit fressen.» «Das glaubst du wohl», sagte der Mann, «aber ich werde dafür sorgen, dass du nie mehr jemanden fressen wirst.» Er zerstückelte die Leiche des Riesen und verbrannte jedes Stück im Feuer. Dann zerstreute er die Asche in den Wind. Doch sogleich verwandelten sich alle Ascheteilchen in einzelne Mücken. Und mitten aus der Mückenwolken ertönte die Stimme des Riesen: «Ja doch, ich werde euch Menschen bis in alle Ewigkeit fressen.» Und schon stach die erste Mücke den mutigen Mann, dann immer mehr, und er begann sich zu kratzen.

(Übersetzt aus: Richard Erdoes und Alfonso Ortiz, *American Indian Myths and Legends.* New York 1984, S. 192f.)

Der Ursprung des nagenden Bibers

Eine Erzählung der Haida

In Larhwiyip am Stikine Fluss lebte einst ein berühmter Jäger. Er ging stets alleine auf die langen Jagdausflüge und war begierig, neue Jagdreviere zu finden; und er kehrte immer mit grossen Mengen an Pelzen und Nahrung zurück. Er blieb Junggeselle, obwohl er sehr reich war und seine Familie ihm nahelegte, sich eine Frau zu nehmen. Als traditionsbewusster Jäger befolgte er während der Jagdzeit alle Regeln der Reinheit und blieb deshalb den Frauen fern.

Eines Tages, als er von einem Jagdausflug nach Hause kam, verkündete er: «Nun werde ich eine Frau heiraten. Nachher werde ich in eine entfernte Region ziehen, wo es, wie ich hörte, viele wilde Tiere gibt.» Also heiratete er eine junge Frau aus einem Nachbardorf, die wie er klug war und gewissenhaft die Jagdgebote einhielt. Als die Jagdsaison kam, hielten sich beide an die Reinheitsregeln, und der Jäger brachte noch mehr Pelze und Nahrung als je zuvor nach Hause.

Einige Zeit später sagte er zu seiner Frau: «Lass uns in ein neues Land ziehen, wo wir eine lange Zeit bleiben werden.» Nach mehreren Reisetagen kamen sie in ein fremdes Land. Der Jäger errichtete zuerst eine Hütte, worin sie lebten, bis er ein Haus aufgebaut hatte. Als er dieses fertig hatte, waren sie beide glücklich und liebten sich jede Nacht.

Bald darauf sagte er: «Ich werde nun für zwei Tage in mein neues Jagdgebiet ziehen und komme morgen Abend wieder zurück.» Er ging und legte viele Fallen; dann kehrte er wie versprochen am Abend des andern Tages wieder nach Hause zurück. Seine Frau war glücklich, und sie liebten sich wieder Nacht für Nacht. Nach einigen Tagen fuhr er zu den Fallen und fand sie voll von Beute. Er füllte sein Kanu und kehrte in der Dämmerung des zweiten Tages zurück.

Sehr glücklich traf er seine Frau an, und sie begannen alsogleich die Pelze und das Fleisch zu präparieren. Als sie fertig waren, sagte er: «Ich werde nun in einer anderen Richtung jagen und vier Tage und drei Nächte wegbleiben.» Und als er aufbrach, freute er sich schon darauf, nach der Rückkehr wieder mit seiner Frau zusammen zu sein.

Um sich die Zeit zu vertreiben, wenn sie alleine war, ging die Frau jeweils zum kleinen Fluss hinunter, der nahe dem Hause vorbeifloss. Sie verbrachte die meiste Zeit mit Schwimmen in einem kleinen Teich, während ihr Mann weg war. Sobald er zurückkam, spielten sie wieder miteinander die ganze Nacht. Nun sagte er: «Da du nun gewohnt bist, alleine zu sein, werde ich zu einem längeren Jagdausflug aufbrechen.» Inzwischen hatte er das Haus vergrössert, und es war voll von Pelzen und Nahrung.

Die Frau ging wieder schwimmen, fand aber mit der Zeit, dass der Teich zu klein sei. Deshalb baute sie mit Zweigen und schlammiger Erde einen Damm. Der Teich wurde zu einem kleinen See, tief genug, um darin bequem zu schwimmen. Nun verbrachte sie fast ihre ganze Zeit in diesem See und fühlte sich recht glücklich. Als ihr Gatte nach Hause kam, zeigte sie ihm den Damm, den sie gebaut hatte, was ihn freute. Bevor er sie wieder verliess, sagte er: «Ich werde für lange Zeit wegbleiben, da ich ja nun weiss, dass du dich nicht davor fürchtest, allein zu sein.»

Die Frau baute sich inmitten des Sees eine kleine Hütte aus Zweigen und Schlamm, um sich darin auszuruhen, wenn sie vom Schwimmen müde wurde. Am Abend kehrte sie jeweils ins Haus zurück, aber am Morgen ging sie wieder zum See hinunter. Schliesslich schlief sie aber auch nachts in der Hütte, und als ihr Mann zurückkam, fühlte sie sich im Haus nicht mehr wohl. Sie war inzwischen schwanger geworden und zog es vor, in ihrer Seehütte zu bleiben, auch wenn der Mann zu Hause war. Um die Zeit zu vertreiben, vergrösserte sie den See, indem sie den Damm höher baute. Dann errichtete sie flussabwärts einen weiteren Damm, dann noch

81

weitere, bis sie eine Zahl von kleinen Seen hatte, die alle mit dem grossen verbunden waren, wo sie ihre Hütte hatte.

Der Jäger ging nun auf eine letzte lange Jagdreise. Er hatte genug Pelze und Nahrung, um ihn sehr reich zu machen, und deshalb plante er, dass sie nach seiner Rückkehr wieder in ihr Dorf zurückziehen würden. Die Frau, die nun täglich die Geburt ihres Kindes erwartete, blieb all diese Zeit im Wasser und in ihrer Seehütte. Diese war zu einem Teil überflutet, und der Eingang befand sich unter Wasser.

Als der Jäger zurückkehrte, traf er seine Frau nicht mehr zu Hause an. Er suchte überall, durchstreifte die Wälder Tag für Tag, um eine Spur von ihr zu finden. Er war in grosser Verlegenheit, denn er konnte nicht zurück in sein Dorf fahren, ohne über ihr Schicksal etwas zu wissen; zudem befürchtete er, ihre Familie würde ihn töten. So kehrte er Abend für Abend traurig in sein Haus zurück, um jeden Morgen wieder auf die Suche nach ihr aufzubrechen.

Eines Abends erinnerte er sich, dass sein Frau viele Zeit im Wasser verbracht hatte. «Vielleicht ist sie flussabwärts gereist?» dachte er. Am nächsten Tag ging er zum See und umrundete ihn, ohne sie zu finden.

Nach mehreren Tagen der Suche dachte der Jäger nochmals über all seine Schritte nach. Als er zum grossen See zurückkam, setzte er sich hin und begann ein Klagelied zu singen. Er war überzeugt, dass seiner Frau etwas passiert war. Sie musste wohl von einer übernatürlichen Macht weggeschleppt worden sein. Während er weinend sein Klagelied sang, tauchte eine Gestalt aus dem See auf. Es war ein seltsames Tier; in seinem Maul war ein Holzstecken, an dem es nagte. Und an jeder Seite waren zwei kleinere Tiere, die ebenfalls an Zweigen nagten.

Dann sprach die grössere Gestalt, welche einen Hut trug, der wie ein abgenagter Stecken aussah: «Sei nicht so traurig! Ich bin es, deine Frau, und hier sind deine Kinder. Wir sind in unser Heim im Wasser zurückgekehrt. Nun, da du mich gesehen hast, wirst du mich als ein Wappen benutzen. Nenn mich die ‹Biberfrau›, und das Wappen ‹Überbleibsel-vom-Stecken-Kauen›. Die Kinder sind ‹Erste Biber›, und du wirst sie in deinem Klagelied als ‹Nachkommen-der-Biberfrau› bezeichnen.»

Nachdem sie gesprochen hatte, verschwand sie im Wasser, und der Jäger sah sie nie mehr. Alsbald packte er seine Güter zusammen, und als sein Kanu voll war, reiste er den Fluss hinunter zu seinem Dorf.

Für eine lange Zeit sprach er nicht zu seinen Leuten. Dann erzählte er ihnen, was geschehen war, und sagte: «Ich werde dies als mein persönliches Wappen nehmen. Es soll als ‹Überbleibsel-vom-Stecken-Kauen› bekannt werden und für immer Eigentum unseres Klanes, dem ‹Lachs-Esser-Haus›, bleiben.»

Das ist der Ursprung des Biber-Wappens, das ‹Überbleibsel-vom-Stecken-Kauen›-Wappen.

(Übersetzt aus: Richard Erdoes und Alfonso Ortiz, *American Indian Myths and Legends*. New York 1984, S. 392–395)

Totempfähle

1. Begründung und Ziel

Totempfähle waren eindrucksvoll aufragende Wahrzeichen, auf denen u.a. die Wappen der indianischen Klane dreidimensional abgebildet sind. Vor allem sie waren und sind es denn auch, die – wie etwa das Tipi-Zelt der Prärie- und Plains-Indianer – nach wie vor als allgemein verbreitetes Merkmal indianischer Kultur angesehen werden.

Im Sinne der hier angestrebten Differenzierung ist deshalb einerseits Wert auf die richtige geographische respektive ethnische Zuordnung der Totempfähle zu legen, die unter anderem dank des Waldreichtums nur an der amerikanischen Nordwestküste vorkommen. Anderseits wird auf die funktionelle, inhaltliche, technische und künstlerische Bedeutung der Totempfähle eingegangen, wozu das Erkennen/Erfassen der in das Holz geschnitzten menschlichen resp. tierischen Figuren und ihres Hintergrundes ebenso gehört wie die Einsicht in eine auf der Welt einmalige künstlerische Tradition, die durchaus auch ihr aktuelle Fortsetzung findet.

2. Thematische Grundinformation

Die Einführung von eisernen Klingen für das traditionelle Ellbogen-beil und von metallenen Messern erleichterten vor allem das Herstellen von bis zu 18 m hohen Totempfählen, die als Auftragsarbeit von Berufskünstlern geschnitzt wurden.

Die Herstellung eines Totempfahles begann mit der Suche nach einem geeigneten Baum. Man bevorzugte dafür in den allermeisten Fällen die Rote Zeder (Thuja plicata). Der Baum musste möglichst nahe am Wasser stehen, um den späteren Transport zu erleichtern. War der Auftraggeber mit der Wahl einverstanden, wurde die Seele des Baumes gebeten, der Baum möge in die richtige Richtung fallen und nicht zersplittern. Dann wurde der Baum gefällt, auf die gewünschte Länge geschnitten, entastet und geschält. An der Längsseite, wo der Baum am meisten Äste aufgewiesen hatte, wurde er ausgehöhlt. Dies geschah aus zwei Gründen: Einerseits verringerte sich so das Gewicht, anderseits erwiesen sich ausgehöhlte Stämme als viel widerstandsfähiger gegen Fäulnis.

Der so zubereitete Stamm glich nun äusserlich einem Einbaum mit einer Wanddicke von ca. 20–30 cm. Erst jetzt flösste man ihn zu der Stelle, wo er geschnitzt und nachher aufgestellt werden sollte. Gewöhnlich übernnahm ein Berufsschnitzer mit seinen Gehilfen die Arbeit. Er unterteilte den Stamm in gleich lange Abschnitte von je ca. 150 cm Länge auf. Die Haida bezahlten den Künslter für jeden fertigen Abschnitt separat und stellten oft mehrere Schnitzer an, die sich in die einzelnen Abschnitte teilten. Neben «Kost und Logis» wurde dem Künstler die Arbeit mit Wolldecken der Hudson's Bay Company bezahlt.

Den Schnitzern wurde vom Auftraggeber und von der «heraldischen Tradition» genau vorgeschrieben, was sie darzustellen hatten. Eigene Ideen oder Interpretationen waren wenig gefragt. Oft wachte zusätzlich eine «Kommission» über die Arbeit und gab ihre Zustimmung zu jeder Figur. Ähnlich wie bei heutigen Grundsteinlegungen und ersten Spatenstichen war es Brauch, dass wichtige Gäste des Auftraggebers einige Späne wegschnitzen durften, was als grosse Ehre galt.

Geschnitzt wurde von oben nach unten. Oft schützte ein Zelt den Handwerker vor der Unbill der Witterung. Wichtige Teile wurden mit Hilfe von Schablonen geschnitzt. Besondere Aufmerksamkeit schenkte man dabei den Augen. Sie mussten gleich gross und symmetrisch sein und unterlagen strengen, formalen Gesetzen. Später spannte man eine Schnur auf der Mitte des Stammes und erreichte damit, dass alle Figuren streng symmetrisch angelegt wurden. Nasen, Flügel und Flossen, die rechtwinklig aus dem Stamm ragten, setzte man vor dem Schnitzen ein. Man sparte dafür eine Öffnung aus und fügte ein genügend grosses Holzstück ein. Der dazu verwendete Leim stammte aus gekochten Heilbuttflossen. Die kunstvoll «gehämmerte» Oberfläche verlieh dem Totempfahl besondere Schönheit. Dazu entfernte ein Schnitzer mit Hilfe eines gekrümmten Messers auf der gesamten Oberfläche regelmässige, runde Holzspäne von der Grösse eines 20-Rappen-Stücks. Oft entschied diese Arbeit über die Qualität des Wappenpfahles.

Zum Abschluss wurde der Wappenpfahl bemalt. Ursprünglich gewannen die Indianer die Farbe aus Kohle-, Eisen- und Kupferoxiden. Diese wurden mit Lachseiern zu einer Art Tempera verarbeitet. Später kamen europäische Farben dazu.

Um den Pfahl aufzurichten, wurde ein Graben ausgehoben, der schräg hinunter zum eigentlichen Stützloch führte. Man rollte den Stamm in den Graben und unterlegte ihm eine Holzrolle, die breiter als der Graben war. Der Stamm wies nun eine Neigung von etwa 30 Grad auf. Die Holzrolle wurde auf dem Boden quer über dem Graben gegen das Stützloch geschoben, so dass sich der Pfahl langsam aufzurichten begann. Die ganze Dorfbevölkerung half mit, indem sie den Pfahl gleichzeitig an Seilen hochzog. Hatte der Pfahl die richtige Position erreicht, wurde der Graben zugeschüttet und

das Stützloch mit Steinen und Erde gefüllt und festgestampft.

Über die Typen und Funktionen der Totempfähle lässt sich folgendes zusammenfassend sagen: Die Coast-Salish kannten keine eigentlichen Totempfähle, nur Grabfiguren und grobe, reliefgeschnitzte Hauspfosten in den Zeremonialhäusern.

Bei den Nootka und Kwakiutl stand nahe der Küste eine überlebensgrosse Figur mit offenen Armen, ein sogenannter «Willkommenspfahl». Im Innern der Chefhäuser gab es im hintern Bereich einen oder meist zwei «Hauspfosten» mit den Wappen der Familie oder Lineage (vgl. Dia Nr. 12). Diese Hauspfosten fungierten teilweise als Stützpfosten für die grossen Dachbalken respektive für den Giebelbalken; bei den Tlingit standen sie einfach vor den entsprechenden Pfosten ohne Tragfunktion. Sie zeigten die Identität, den Reichtum und den hohen sozialen Status der Cheffamilie.

Mit der gleichen Funktion liessen Chefs bei den Kwakiutl, Haida, Tsimshian und Tlingit sogenannte «Hausfrontpfähle» errichten, bei den Tlingit zusätzlich mit einer ovalen Türöffnung als zeremonieller Eingang ins Haus. Die Hausfrontpfähle entsprachen am ehesten dem Begriff «Wappenpfahl», der in der deutschsprachigen Literatur oft anstelle des verbreiteteren Begriffes «Totempfahl» verwendet wird.

Etwas entfernt vor dem Haus standen die «Erinnerungspfähle», die Jahre nach dem Tod eines hochrangigen Chefs von seinem Nachfolger aufgestellt wurden. Darauf sind neben den Familienwappen oft herausragende Ereignisse oder Taten des Verstorbenen geschnitzt. Die Grösse und Qualität des Totempfahles demonstrierte aber auch die vom Verstorbenen geerbte soziale Position, die nun der Auftraggeber innehatte.

Die Haida, Tsimshian und Tlingit kannten auch den Typus des «Grabpfahles» aus einem kompletten, nicht ausgehöhlten Stamm. Nur am oberen Ende wurde eine Aushöhlung gehauen, in denen die sterblichen Reste eines hochrangig Verstorbenen ruhten. Dieser Grabpfahl wurde allerdings erst ein Jahr nach dem Todesfall mit einer Potlatch-Feier erstellt, die der Nachfolger organisierte. Die Leiche des Verstorbenen hatte zuerst für ein Jahr in einem sogenannten Totenhaus in einem Sarg geruht.

Ursprünglich klein und breit, wuchsen sich die Familienpfähle unter dem Einfluss zunehmender Rivalitäten und wachsenden Reichtums zu immer grösseren, prächtiger geschnitzten und bemalten Kunstwerken aus. Die auf ihnen dargestellten Mythen und Erzählungen basierten auf der mythologischen Familiengeschichte und illustrierten Abstammung und Stellung der einzelnen Mitglieder. Keiner dieser Pfähle ist mehr als 150 Jahre alt. Die meisten entstanden zwischen 1850 und 1880. Die Kwakiutl in Alert Bay begannen sogar erst um 1890 mit der Errichtung von Totempfählen und setzten diese Tradition bis gegen die Mitte unseres Jahrhunderts fort.

Bei den Haida begannen findige Schnitzer um 1820 kleine Modelltotempfähle aus Argillitgestein herzustellen. Diese Miniaturen traten im Handel an die Stelle der selten gewordenen Otterpelze. Obwohl ausschliesslich für kommerzielle Zwecke verfertigt, zeugen auch diese kleinen Figuren vom hohen Stand indianischer Schnitzkunst. Dennoch wäre der Indianer dem Grundatz des l'art pour l'art mit völligem Unverständnis begegnet; vielmehr sah er den Sinn seiner «künstlerischen» Arbeit darin, die soziale und wirtschaftliche Stellung des Besitzers zu dokumentieren und gleichzeitig den Neid der Nachbarn zu wecken – «Kunst» also ganz im Dienste sozialer und materieller Interessen.

Häufig verwendete Figuren sind Rabe, Bär, Wolf, Frosch, Lachs, Schwertwal, Seelöwe, Biber, aber auch Sonne und Mond sowie menschenähnliche Wesen. Hie und da trifft man auch auf naturalistische Personendarstellungen. Die geschnitzten und gemalten Figuren erfüllten oftmals die Funktion von Wappen und Emblemen. Die Darstellung «komplizierter Wappen» war besonders beliebt, brachte man doch damit den Stolz auf die Vorfahren und den hohen Rang der Familie zum Ausdruck! Der höchste und am reichsten bebilderte Totempfahl eines Dorfes stand dessen Oberhaupt zu, und

kein Dorfbewohner mit tieferem Rang hatte das Recht, einen noch mächtigeren Pfahl zu errichten.

Diese Figurenkombinationen wurden nicht nur auf den Totempfählen, sondern beispielsweise auch auf Haushaltgeräten, auf den Balken des Hauses oder auf dem Kanu angebracht.

Obwohl angenommen wird, dass die Nordwestküsten-Indianer bereits vor ihrem ersten Kontakt mit den Weissen Metall (Kupfer und Eisen) zum Beispiel aus angeschwemmtem Treibholz (Nägel!) oder aus Tauschgeschäften mit benachbarten Gemeinschaften kannten, konnte erst mit dem Erscheinen des Metalls in grösserem Umfang ernsthaft an die grossflächige Bearbeitung des roten Zedernholzes gedacht werden. Zum wichtigsten Werkzeug avancierte dabei ein Messer, dessen Metallklinge rechtwinklig zum Griff eingesetzt wurde und eine besonders feine Bearbeitung des Holzes erlaubte. Dasselbe Werkzeug findet sich übrigens auch in Polynesien wieder, von wo es durch die Weissen in grossen Mengen an die Nordwestküste gebracht wurde.

3. Anregungen für den Unterricht

Materialien

– Arbeitsblatt 14a: Vier Totempfähle. Was ist zu sehen? I
– Arbeitsblatt 14b: Vier Totempfähle: Was ist zu sehen? II (Beschreibung)
– Dias Nr. 11–13, 18–22

Einstiegsmöglichkeiten

● Auch bei uns berufen sich Familien häufig auf ein eigenes Wappen. Die Schüler/innen mit entsprechendem Zugang bringen das Wappen ihrer Familie mit, vergleichen es mit andern Wappen und suchen nach den formalen und inhaltlichen Besonderheiten solcher Darstellungen. Sie diskutieren, welche Bedeutung Familienwappen heute noch beizumessen ist (Stammbaum- resp. Ahnenforschung/Genealogie als Hobby!).

● Wo kommen Wappen ebenfalls vor? (Bei berühmten Königshäusern, z.B. drei Lilien im Wappen der Bourbonen, bei den Rittern mit ihren Wappenschildern, bei den Zünften, Gemeinden, als Fahnen bei Kantonen oder Ländern etc.)

● Da es bei den Haida Brauch war, Sargkisten auf den Totempfählen zu befestigen, erfüllten diese auch die Funktion von Grab- respektive Gedenkpfählen. Wo ist bei uns etwas Ähnliches zu beobachten? (Auf Friedhöfen mit ihren Grabmälern und Gedenksteinen, auf denen die Namen der Verstorbenen mit Geburts- und Todesjahr/datum angebracht sind.)

Thematische Vorschläge

● Die Lehrperson gibt das wichtigste, in der thematischen Grundinformation enthaltene Wissen über Totempfähle weiter, indem sie dieses dem Verständnis ihrer Schüler/innen anpasst und gegebenenfalls (je nach Zeitbudget etc.) auch eigene Akzente setzt.

● Wir betrachten die Dias Nr. 19–22 mit den Totempfählen und versuchen herauszufinden, welche Figuren die Künstler ins Holz geschnitzt haben. Lassen wir unserer Phantasie genügend Spielraum (raten erlaubt!), geht es hier doch um eine erste Annäherung an eine für uns neue Formen- und Bilderwelt. In dieser spielen gewisse Tiere (z.B. Bär, Wolf, Nerz, Frosch, Lachs, Schwertwal, Seehund, Adler, Habicht), menschenähnliche Figuren und realistische Personendarstellungen eine wichtige Rolle. Einige davon wie den Raben oder den Biber haben wir bereits im vorangegangenen Unterrichtsthema kennengelernt.

● Auf dem Arbeitsblatt 14b finden wir die knappen Beschreibungen der vier auf dem Arbeitsblatt 14a abgebildeten Totempfähle. Welche Beschreibung gehört zu welchem Totempfahl?, lautet die Aufgabe, die wir durch sorgsame Lektüre und genaues Vergleichen zu lösen versuchen (richtige Lösung: Texte 3, 4, 1, 2 zu den Totempfählen v.l. n.r.). Wir erstellen eine Liste aller Tierfiguren und zeichnen diejenigen, die uns besonders stark ansprechen.

● Anhand der Totempfähle lassen sich auch sehr schön formale Besonderheiten herausarbeiten. Wenn wir – frontal gesehen – eine Mittellinie von oben nach unten ziehen, erkennen wir unschwer die streng symmetrisch ausgerichtete Anordnung der Figuren. Oder es fällt die Einteilung des Totempfahles in klar voneinander unterscheidbare Abschnitte respektive Sektoren auf. Auch die Bemalung der Totempfähle trägt wesentlich zu deren Wirkung bei.

● Totempfähle sind Gedenkmälern bei uns vergleichbar, die dazu dien(t)en, an bestimmte Ereignisse, Persönlichkeiten oder Tote zu erinnern. Welche Beispiele fallen uns ein? (Z.B. Tell-Denkmal in Altdorf, Alfred-Escher-Brunnen vor dem Zürcher Hauptbahnhof, Bürgermeister Hans Waldmann hoch zu Pferd vor dem Zürcher Stadthaus etc.)

● Ursprünglich waren die Totempfähle der Nordwestküsten-Indianer als Haus- und Stützpfeiler in das indianische Grosshaus integriert. Wenn auch möglicherweise etwas gewagt, drängt sich ein Bezug zu den Säulen in romanischen Kirchen auf. Die bildlichen Darstellungen auf den Kapitellen dürften die romanischen Steinmetze vor ähnliche formale Probleme gestellt haben: Wie liessen sich die Figuren respektive Szenen am besten auf die Säulenrundungen übertragen, ohne allzu verzerrt und unnatürlich zu wirken? Auch inhaltlich sind Vergleiche nicht völlig abwegig, finden sich doch auf Totempfählen wie auf romanischen Säulen immer wieder Tiere und Mischwesen mit dämonischfurchterregendem Ausdruck!

● Man weiss von den Machtkämpfen der führenden Familien in vielen mittelalterlichen Städten, so z.B. in der Toskana (Florenz, Siena, San Gimignano), die sich u.a. im Aufrichten immer höherer Türme manifestierten. Genau so verhielt es sich auch mit den Totempfählen. Je höher und je reicher mit Schnitzereien verziert ein Totempfahl war, desto mehr eignete er sich zur prahlerischen Demonstration von Besitz und Reichtum und den damit verbundenen Ansprüchen auf Rang und Macht. Häufig wurde die Errichtung eines neuen Pfahles mit einem Potlatch-Fest (vgl. «Der Potlatch», S. 19ff.) verbunden, das letztlich denselben Absichten diente. Wo finden sich bei uns vergleichbare Machtdemonstrationen durch Zurschaustellung von Statussymbolen? (Schnelle Porsche-Sportwagen, prächtig gelegene Villen, Besitz von Markenartikeln vom Vuitton-Gepäck bis zu Lacoste-Shirts etc.) Auch das Wetteifern grosser Metropolen um das höchste Gebäude der Welt gehört in diesen Zusammenhang (vgl. Guiness-Buch der Rekorde).

● Handwerklich besonders geschickten Lehrkräften sollte es nicht allzu schwer fallen, mit ihren Schülerinnen und Schülern einen eigenen Totempfahl (etwa für das Klassenlager) zu schnitzen. Dabei können ausser indianischen Motiven ebenso gut solche, die den Schülerinnen und Schülern einfallen, verwendet werden. Wichtig ist bei dieser Arbeit das Bewusstsein, ein Wahrzeichen/Erkennungszeichen für die eigene Gruppe/Klasse zu schaffen.

Vier Totempfähle: Was ist zu sehen? I

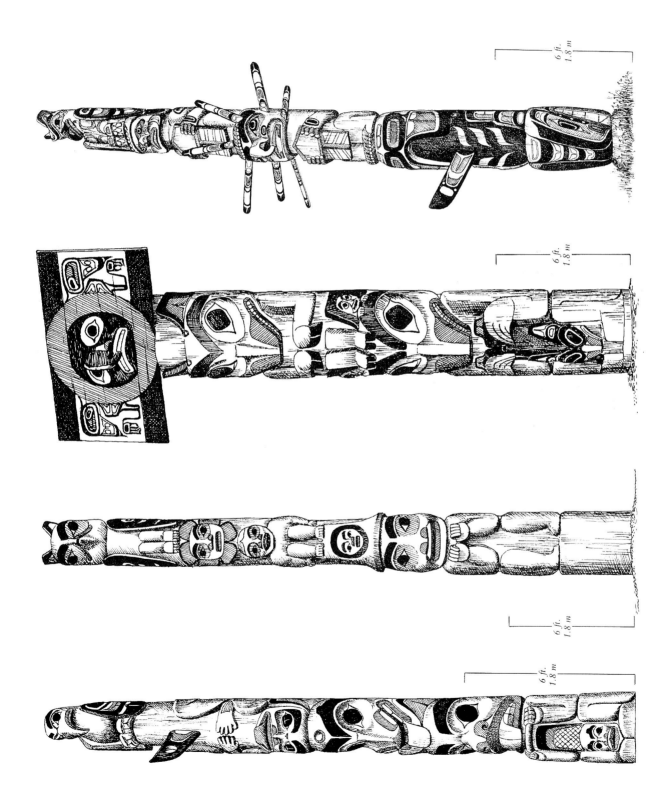

Vier Totempfähle: Was ist zu sehen? II
(Beschreibung)

1

Die Embleme von oben nach unten: der Mond – halb Mensch, halb Habicht; die (amerikanische) Bergziege; seitlich sind zwei menschliche Gesichter zu sehen, der Haida-Chef Jackson und seine Frau, die den ursprünglichen Pfahl für ihren verstorbenen Gatten errichten liess; es folgen der Grizzlybär und der Schwertwal; die unterste Figur wird auch als Seehund gedeutet.

2

Die Embleme von unten nach oben: ein Schwertwal mit Kopf nach unten und der typischen Rückenfinne; die Sonne in menschlicher Gestalt, die eine Kupferplatte hält; darüber Zedernmann, der Geist der Zedernbäume, ebenfalls mit einer Kupferplatte. Kupferplatten galten als Symbole für den hohen Reichtum eines Chefs. Zuoberst sitzt Kolus, der jüngere Bruder des mächtigen Donnervogels.

3

Oben herrscht der Adler, an der Basis sitzt der klassische Haida-Biber. In der Mitte wird die sogenannte Nanasimget-Geschichte dargestellt, in der erzählt wird, wie ein Schwertwal die Frau eines Chefs entführt: Man sieht den Schwertwal mit dem Kopf nach unten, auf der Stirn ist das Blasloch deutlich sichtbar. Darüber erkennt man den Kopf der Frau, die sich an seinen Körper klammert, aus dem die typische Rückenfinne herausragt.

4

Auf diesem Totempfahl ist der Mythos vom Raben, der die Sonne stiehlt und so der Welt das Tageslicht bringt, in künstlerischer Form umgesetzt. Unter dem Raben und der Sonne sitzt die hochrangige Tochter eines Chefs auf dessen hohem Hut; das Gesicht auf diesem Chefhut symbolisiert seine Abstammung vom Raben.

Masken

1. Begründung und Ziel

Bekanntlich sind Masken weltweit verbreitet und scheinen dem Bedürfnis des Menschen nach Verwandlung entgegenzukommen. Wer sich eine Maske aufsetzt, wird ein anderer oder schlüpft zumindest vorübergehend in die Rolle eines andern. Oft hat diese Verwandlung numinosen Charakter, weshalb viele Masken eine religiöse Funktion erfüllen. Sie verkörpern beispielsweise bestimmte Mächte (Dämonen und Geister) aus einer andern Welt, die sich durch ihr leibhaftiges Erscheinen mit dem Menschen in Verbindung setzen, oder sie verkörpern durch ihren Auftritt einen bestimmten Mythos, den sie dem gespannten Publikum vorführen. Dies trifft auch für die Nordwestküsten-Indianer zu; ausgewählte Maskenbeispiele zeugen von der hoch entwickelten handwerklich-künstlerischen Fertigkeit, die die Künstler dieser Region auszeichnet. Ein kleiner Einblick in die geheimnisvolle Welt der Winterzeremonie soll den Schüler/innen etwas vom innersten Wesen einer fremden Kultur vermitteln.

2. Thematische Grundinformation

Holzmasken gehörten zusammen mit dem Totempfahl zu den am weitesten entwickelten und verbreiteten Kunstobjekten. Sie spielten in den sogenannten Winterzeremonien und als kostbare Erbstücke im Potlatch eine wichtige Rolle.

Die ausserordentlichen Kunstwerke der Nordwestküsten-Indianer sind nicht ohne die Tatsache zu verstehen, dass das Kunstschaffen professionalisiert war. Wir haben jedoch über den Kunstschaffenden vergangener Zeiten wenig Kenntnisse. Wir wissen nur, dass es einige Berufskünstler gab, die gegen Bezahlung Auftragsarbeiten ausführten. Der Auftraggeber war meist ein hochrangiger Adliger, der den Künstler mitsamt seiner Familie solange beherbergen und verköstigen musste, als dieser am Auftragswerk, sei es an einem Totempfahl, sei es an einer Maske, arbeitete. Der Künstler hatte beim Maskenschnitzen mehr gestalterische Freiheit als beim Totempfahl, weil für diesen der Auftraggeber relativ feste Vorgaben lieferte, seien es heraldische Motive oder Elemente der Ursprungsmythe einer Verwandtschaftsgruppe, die sich im Totempfahl widerspiegeln sollten.

Das Kunsthandwerk erlernte ein talentierter Junge, indem ein Meister ihn quasi als Lehrling akzeptierte; früher war es meist ein Onkel mütterlicherseits, später oft der eigene Vater. Zuerst hatte der Junge seine Werkzeuge selbst herzustellen, und zwar die vier typischen Werkzeuge des Nordwestküsten-Künstlers: das Ellbogen-Breitbeil, die D-förmige Dechsel (oder Beitel), das Schnitzmesser mit der spitzen und gekrümmten Klinge sowie das Stecheisen, das mit einem stösselförmigen Handhammer geschlagen wird (siehe auch Arbeitsblatt 8b, S. 53). An geeigneten Holzstücken übte dann der Lehrling die Handhabung der Werkzeuge und lernte die Besonderheiten der verschiedenen Holzarten kennen.

Als nächstes durfte er dem Meister assistieren, indem er zum Beispiel an einem Ende eines Baumstammes die Rinde abschälte und erste grobe Bearbeitungen mit dem Ellbogen-Breitbeil und der Dechsel ausführte, während sein Meister am andern Ende des Stammes dasselbe tat. Diese Form der imitierenden Zusammenarbeit führte bei fortschreitenden Fähigkeiten zu einer neuen Ausbildungsphase. Der Lehrling schnitzte nun als «der Mann für die andere Seite» gleichzeitig wie sein Meister am selben Stamm, wobei nach dem Symmetrieprinzip der Meister auf der einen Längsseite die Figuren entwarf und schnitzte, während der Lehrling auf der andern Seite ihn unter steter Supervision sorgfältigst und genauestens kopierte.

In der Regel erlernte der Lehrling das Maskenschnitzen erst in einem zweiten Lehrgang. Allerdings scheint es eine gewisse Unterteilung der Künstler gegeben zu haben: Die einen spezialisierten sich aufs Schnitzen von Totempfählen oder auf die Herstellung von Kanus, andere waren berühmt wegen ihrer Masken. Es war früher allerdings nicht üblich, dass die Künstler ihre Arbeiten signierten, weshalb die wenigsten alten Werke einem spezifischen Künstler zugeschrieben werden können. Erst gegen Ende des letzten Jahrhunderts fingen die Künstler an, ihre Werke zu kennzeichnen.

Für Masken war vor allem Erlenholz beliebt, weil es weniger splittert, eine gleichmässige Textur und Härte aufweist, die feine Details zulassen. Ein Stück Holz, ca. 30 cm hoch und 10–15 cm dick, wird beispielsweise für eine Gesichtsmaske verwendet. Zuerst wird die äussere Form grob vorgeschnitten, dann wird das symmetrische Muster entworfen, wobei auch Schablonen zu Hilfe genommen werden; gute Künstler haben allerdings ein sehr genaues Augenmass. Mit immer feineren Werkzeugen wird das Maskengesicht herausgeschnitzt und dann glatt geschmirgelt, wobei man früher die rauhe Haut des Hais benutzte, heute aber meist Schmirgelpapier verwendet.

Es gab eine grosse Anzahl unterschiedlichster Masken, die in den Winterzeremonien auftraten; bei den Kwakiutl zum Beispiel – ohne vollständig zu sein – die folgenden: die drei sogenannten Hamat-

sa-Vogelmonster (Rabe, Krummschnabel und langschnabliger Hokhokw); Vogel- und Tiermasken wie Donnervogel, sein jüngerer Bruder Kolus, Adler, Khenkho der Kranich, Eule, Bär, Wolf, Hirsch, Maus, Frosch, Seeotter, Schwertwal; Insekten wie Biene, Hummel und Stechmücke; natürliche Elemente wie Sonne und Mond, aber auch Wetter, Erdbeben und Echo; Dämonen und Geister wie Bookwus, der Wilde Waldmensch, und Tsonoquoa, die Waldriesin; eine Unzahl von menschlichen Gesichtsmasken und allein die rund 40 Varianten der sogenannten Atlakim-Masken sowie die spektakulären Transformationsmasken sind weitere Zeugen der reichen mythischen und theatralischen Phantasie.

Bei den Transformationsmasken ist nicht nur – wie bei Vogelmasken üblich – der Unterkiefer beweglich, sondern die ganze Maske lässt sich durch Schnüre in mehrere Teile aufklappen, so dass darunter in der Regel eine menschliche Gesichtsmaske erscheint. Damit wird die menschliche Natur des Tieres offenbart und somit die mythische Zeit beschworen, als alle Lebewesen sowohl eine Tier- als auch eine Menschengestalt verkörpern konnten.

Das Kunstschaffen war ab Ende des letzten Jahrhunderts existentiell bedroht, als die Behörden in den USA und in Kanada die als barbarisch und heidnisch deklarierten Zeremonien, insbesondere den Potlatch, verboten und eine

Unmenge sogenannter Potlatch-Güter konfiszierten, darunter hunderte von künstlerisch wie auch sozial wertvollen Masken. Trotz dieses Verbotes wurden die Winterzeremonien und Potlatche im Untergrund weiter durchgeführt. Und vor allem die Maskenschnitzer erhielten weiterhin Aufträge, da sie eine Maske viel leichter im Verborgenen erschaffen als einen Totempfahl schnitzen und aufrichten konnten. Jedoch wurde das Schnitzhandwerk nur noch von wenigen Künstlern weitergepflegt; bei den Kwakiutl zum Beispiel war es eine Handvoll Künstler, wie Charlie James, Willie Seaweed, Mungo Martin, Henry Speck, Ellen Neel u.a. Diesen wenigen ist es allerdings zu verdanken, dass die künstlerische Tradition nicht verloren ging. Im Gegenteil, diese Künstler waren zum Teil recht innovativ, wie beispielsweise Willie Seaweed (1873–1967), der sogar einen neuen Stil schuf, der als «barocke Periode» bezeichnet wird. Von ihnen ausgehende Impulse ermutigten andere Nordwestküsten-Völker, ihr traditionelles Kunstschaffen wieder aufzugreifen und Künstler/innen auszubilden.

Zur Renaissance der Nordwestküsten-Kunst wird im Unterrichtsthema «Kunst der Nordwestküste: Zeitgenössische Künstlerinnen und Künstler» (vgl. S. 108ff.) näher eingegangen.

3. Anregungen für den Unterricht

Materialien

- Arbeitsblatt 15: Welche Maske stellt welches Tier dar?
- Arbeitsblatt 16: Masken – ihre Bedeutung und Funktion
- Lesetext 8: Kawadelekala und der Erwerb des Madam-Tanzes und der Wolfsmasken
- Dias Nr. 23–29

Einstiegsmöglichkeiten

Bevor auf die bei uns bekannten Maskenbräuche (Silvesterchlausen, Fasnacht etc.) näher eingegangen wird, sollen die Schüler/innen im Gespräch herausfinden, wo Masken sonst noch überall eine Rolle spielen.

● Versteht man unter «Maske» nicht nur die Gesichtsvermummung, sondern immer auch die dazugehörige Verkleidung des Maskenträgers/der Maskenträgerin, dienen auch bestimmte Berufskleider oder Uniformen dazu, die individuelle Persönlichkeit ihrer Träger/innen zu «verkleiden» resp. zu verbergen, um stattdessen eine ganz bestimmte, durch Konvention oder Überlieferung vorgebene, typische Funktion auf einen Blick sichtbar zu machen (z.B. Köchin, Metzger, Ärztin, Pilot, Hostess, Polizist, Feuerwehrmann etc.).

● Was im alltäglichen Berufsleben gang und gäbe ist, findet sich auch im Theater oder im Zirkus, wo Schauspielerinnen und Schauspieler respektive Artisten und Artistinnen praktisch immer in eine fremde, ihnen vom Stück oder von der Art ihres Auftritts vorgegebene Rolle schlüpfen. Freilich kann hier der Grad der «Maskierung» sehr unterschiedlich sein: In der Commedia dell'Arte treten immer wieder dieselben Typen wie Pantaleone, Harlekin etc. auf, Shakespeare schuf eine Fülle ebenso einprägsamer wie wunderlicher Gestalten (Puck, Prospero etc.), Papageno wirbelt in seinem Vogelkleid in Mozarts Zauberflöte über die Bühne. Oft verwandeln sich die Darsteller/innen in Charaktere wie der Geizige, der Misanthrop u.a. (bei Molière) und werden durch ihr Verhalten und ihre Rede vom Publikum als diese identifiziert.

● Besonders deutlich tritt die Rollenverteilung beim klassischen Clownpaar zutage: auf der einen Seite der Tolpatsch in den viel zu grossen Schuhen und weiten Hosen, der roten Nase und dem struppigen Haar; auf der andern Seite sein Partner mit dem Spitzhut, dem weissgepuderten Gesicht, elegant herumtänzelnd und offensichtlich in allen Lebenslagen gewandt, obwohl sich das Blatt plötzlich wenden kann und am Ende der Tolpatsch als der vom Publikum beklatschte (musikalische) Virtuose und Schlaumeier dasteht.

● Allein schon das ungeschminkte Gesicht ist unzähliger Verwandlungen fähig, die die verschiedensten Stimmungen und seelischen Erregungen auszudrücken vermögen: Freude, Enttäuschung, Hass, Zorn, Langeweile, Missmut, Aufmerksamkeit etc. Die stehende Wendung «Sein Gesicht erstarrte zu einer Maske» deutet darauf hin, dass da einer nichts von seinen Emotionen an die Oberfläche dringen lassen will, obwohl er ihnen in höchstem Masse ausgesetzt ist. Natürlich sagt auch ein solches »Maskengesicht» sehr viel aus ...

Viele Menschen verstecken sich bewusst oder unbewusst hinter einer Maske, um damit einen Schein (von Überlegenheit, von Abgeklärtheit etc.) zu erwecken, der in Widerspruch zu ihren wahren Empfindungen, ihrem eigentlichen Wesen steht.

● Die Schüler/innen spielen sich gegenseitig mimisch und gestisch, aber stumm kleine Szenen vor, in denen typische Berufsleute auftreten, die die Klassenkameraden erraten müssen.

● Aus Lehm oder einer andern Modelliermasse lassen sich möglichst aussagekräftige, typische Gesichtsausdrücke formen.

● Je nach Standort kann jetzt auch auf Bräuche eingegangen werden, in denen die Verkleidung und das Maskenwesen eine Rolle spielen. Entsprechende Informationen finden sich in den nachstehenden Werken:

- Vera De Bluë, *Mensch und Maske: Betrachtungen über Jahrhunderte.* Aarau 1993.

- Rolf Thalmann (Bearbeitung), *Das Jahr der Schweiz in Fest und Brauch.* Zürich 1991.

– Regina Bendix und Theo Nef, *Silvesterkläuse in Urnäsch.* Urnäsch 1984
– Erich Schwabe (Text), *Feste und Traditionen in der Schweiz.* 3 Bde. Neuenburg 1984.

Thematische Vorschläge

● Die thematische Grundinformation enthält wesentliche Hinweise zum Schnitzen als Kunsthandwerk, zum Verhältnis zwischen Lehrmeister und Lehrling sowie zu technischen Herstellungsfragen, die die Lehrperson ihren Schülerinnen und Schülern weitergeben kann.

● Verwendung von Arbeitsblatt 15: Welche Maske stellt welches Tier dar?

– Jede der zwölf abgebildeten Masken verkörpert ein Tier. Für die Schüler/innen gilt es, die auf dem Arbeitsblatt aufgeführten Tiernamen der jeweils richtigen Maske zuzuordnen. Die richtige Lösung lautet: Bild A: Moskito, B: Adler, C: Frosch, D: Hai, E: Wolf, F: Rabe, G: Habicht, H: Biber, I: Schwertwal, K: Grizzlybär, L: Oktopus (Riesentintenfisch), M: Donnervogel.

– Wir fragen uns, inwieweit die richtig zugeordneten Tiernamen in Form respektive Gestaltung der Maske ihre Entsprechung finden. Wie lässt sich die Besonderheit jeder Maske in passenden Worten umschreiben? Wie unterscheiden sich die Masken untereinander, insbesondere die Vogel- von den Fisch- oder Tier-Masken?

So fremdartig die Masken der Nordwestküsten-Indianer auch aussehen mögen, so weisen sie dennoch weitgehend klar definierte ikonographische Merkmale auf, die uns helfen, die dargestellten Wesen zu erkennen und voneinander zu unterscheiden. So haben sowohl der Donnervogel (M) wie auch der Adler (B) einen stark gekrümmten Schnabel, doch weist der Donnervogel immer über der Stirn zwei geschwungene Fortsätze auf, die als «übernatürliche Hörner» gedeutet werden. Der Habicht (G) hat ebenfalls einen stark gekrümmten oberen Schnabel, dessen Spitze in charakteristischer Weise mit der Oberlippe (wie im vorliegenden Beispiel) respektive mit dem unteren Schnabel verbunden ist. Ein Rabe (F) lässt sich an seinem langen, geraden Schnabel leicht erkennen. Ein Biber (H) ist an seinen oberen Nagezähnen von einem Bären (K) zu unterscheiden, dessen oft stumpfen Zähne (als Allesfresser) ihn wiederum von den spitzen Zähnen (manchmal nur Eckzähnen) des Wolfes (E) abheben. Dass eine Mücke oder ein Moskito (A) einen spitzen Nasenstachel hat und ein Frosch (C) einen flachen Kopf mit breitem Maul, lässt sich in der Natur leicht beobachten. Dasselbe gilt für den Hai (D), der unverkennbar eine Reihe spitzer Zähne aufweist, während der Schwertwal (I) seine typische, hochaufragende Rückenfinne (= Schwert) zeigt. In unserem Beispiel ist wohl nur der Oktopus (L) schwierig zu erkennen, sind doch seine von Natur aus langen Tenta-keln nur rudimentär angedeutet; einzig die Kreise mit dem Mittelpunkt lassen sich als Saugnäpfe identifizieren.

Die hier beschriebene Ikonographie von mehrheitlich Kwakiutl-Masken ist allerdings nicht einfach auf andere Masken übertragbar, unterscheiden sich doch die künstlerischen Formen von Volk zu Volk zuweilen erheblich. Dennoch genügt mit Ausnahme der übernatürlichen Wesen wie dem Donnervogel meist eine gute Naturbeobachtung zur Identifikation, wobei zumeist eine mehr oder weniger ausgeprägte Abstraktion in Rechnung zu stellen ist.

– Zuletzt richten wie unser Augenmerk auf die den Masken aufgetragenen Zeichnungen, die sich aus ganz bestimmten, sich zum Teil wiederholenden schwarzweiss Elementen zusammensetzen. In Wirklichkeit sind die Masken zum Teil üppig koloriert. Insbesondere betrachten und vergleichen wir die Darstellung der Augen und Augenbrauen, die wir gegebenenfalls zur besseren Verdeutlichung auch auf ein separates Blatt übertragen.

● Arbeitsblatt 16: Masken – ihre Bedeutung und Funktion.

Explizit zuhanden der Schüler/innen ist der das Wesentliche über die Masken knapp und präzis zusammenfassende (Informations)text gedacht, ergänzt durch schematische Darstellungen. Diese veranschaulichen, wie die für die Nordwestküste besonders auffälligen Klapp- respektive Transformationsmasken funktionieren, damit der beabsichtigte Überraschungseffekt erzielt werden kann. Links sehen wir die einen Raben darstellende Klappmaske, rechts die Transformationsmaske, die nicht wie das im Text beschriebene Beispiel aussen ein tiergestaltiges, innen ein menschliches Wesen, sondern genau umgekehrt, aussen das menschliche Antlitz des Sonnengottes und aufgeklappt einen Habichtkopf darstellt. Der obere Schnurzug (a) ermöglicht das Hochziehen der Stirnpartie, die durch den mittleren Schnurzug (b) wieder herabgezogen werden kann. Die zu jeder Seite eingezogenen unteren Schnurzüge (c) erlauben das seitliche Öffnen der unteren Gesichtshälfte (Wangen, Mund und Kinn) vergleichbar einer zweiteiligen Flügeltür.

● Der Lesetext 8 «Kawadelekala und der Erwerb des Madam-Tanzes und der Wolfsmasken» erzählt uns, wie beispielsweise die Tsawataineuk-Kwakiutl in Kingcome Inlet zu ihren Wolfsmasken gekommen sind. In diesem Mythos ist von einer visionären Schutzgeistsuche die Rede; in ihm findet sich auch der Kern des sogenannten Madam-Tanzes. Die unwirklichen, wundersamen Elemente, die uns in diesem Mythos auffallen, werden dann in den Tanzzeremonien häufig mit Hilfe von allerlei geheimnisvollen Vorkehrungen oder Tricks (z.B. unsichtbare Versenkung im Boden, in der jemand plötzlich verschwinden kann) eingestreut, um das Publikum zu ver-

blüffen, nicht unähnlich gewissen Zaubertricks, die bei uns zu jeder magischen Varieté-Show gehören.

● Betrachtung der Dias Nr. 23–29 mit Beispielen ausgewählter Masken (Informationen dazu im Kommentar zur ausleihbaren Diaserie).

Welche Maske stellt welches Tier dar?

Donnervogel • Rabe • Adler • Habicht • Moskito • Schwertwal • Oktopus (Riesentintenfisch) • Hai • Wolf
• Grizzlybär • Biber • Frosch

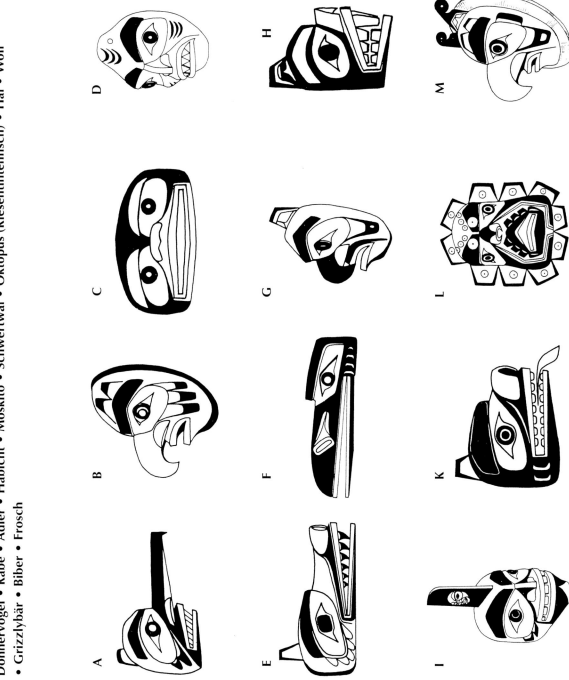

94

Masken – ihre Bedeutung und Funktion

«Die Masken wurden in historischer Zeit ausschliesslich zu zeremoniellen und gesellschaftlichen Zwecken hergestellt und getragen. Sie symbolisierten die unterschiedlichen tiergestaltigen Wesen der einzelnen Tanzgesellschaften und Geheimbünde sowie die Schutzgeister der Schamanen, die sie als übernatürliche Kraftgeber bei Heilungszeremonien trugen. Die meisten Masken sind Reliefschnitzereien mit halbplastischem Profil, teilweise mit Adlerdaunen und Zedernbast oder Muscheleinlegear-beiten verziert. Ähnlich wie bei den Totempfählen bevorzugen die Indianer der zentralen oder südlichen Region eine üppige Kolorierung, während in der nördlichen Region kaum Farben als Ausdrucksmittel eingesetzt werden.

Besonders ausdrucksstark und technisch vollendet sind die Klapp- bzw. Transformationsmasken des Hamatsa-Geheimbundes der Kwakiutl. Eine Klappmaske besteht aus einer äusseren Maskenschale, die ein tiergestaltiges We-sen darstellt und durch Seilzüge von ihrem Träger nach beiden Seiten geöffnet werden kann. Dabei kommt eine Halbprofilmaske, die ein menschliches Wesen darstellt, zum Vorschein. Während der winterlichen Tanzzeremonien versinnbildlichen diese Masken die Gemeinschaft zwischen Menschen und mythischen Tierwesen.»

(Aus: Ralf Streum (Hrsg.), *Der Rabe brachte die Sonne: Moderne Kunst der Indianer Nordwestamerikas.* München 1993, S. 20)

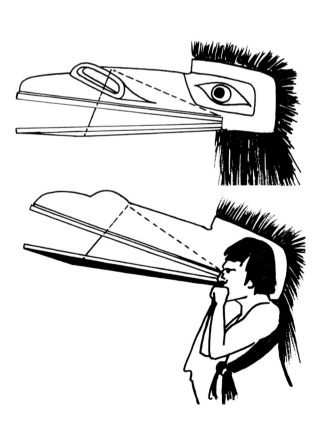

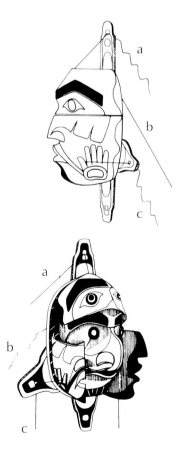

Kawadelekala und der Erwerb des Madam-Tanzes und der Wolfsmasken

Kawadelekala hatte bereits längere Zeit an dem Ort namens «Sandbank» gelebt, als er eines Morgens beim Baden im Fluss spürte, wie eine übernatürliche Kraft sich seiner bemächtigte und ihn immer weiter flussaufwärts gehen liess. Am Abend des zweiten Tages ahnte Kawadelekala, dass etwas Besonderes geschehen würde.

Es wurde Nacht, und er konnte nicht einschlafen, als er plötzlich ein Wolfsgeheul vernahm, das immer näher kam. Eine innere Stimme hiess Kawadelekala aufzustehen und in einem Teich zu baden. Nachdem er dies getan hatte, sah er ein grosses Haus, aus dessen Dach Funken sprühten. Da wusste er, dass man dort tanzte. Kawadelekala näherte sich dem grossen Haus. Er schaute durch ein Astloch in der Plankenwand und erblickte im Innern des Hauses vier schöne Frauen, die den Rhythmus schlugen. Doch jedesmal, wenn sie bei ihrem Tanz auf Händen und Füssen zu gehen versuchten, wollte es ihnen nicht gelingen. Schliesslich erhob sich der Chef, und als Kawadelekala dessen Namen hörte, wusste er sofort, dass es Wölfe waren. Der Chef sprach: «Etwas scheint hier nicht zu stimmen. Komm Maus-Frau, sieh nach, ob etwas nicht in Ordnung ist.» Vergeblich versuchte Kawadelekala, sich zu verstecken, doch Maus-Frau kam direkt auf ihn zu und

sprach: «Mein lieber Kawadelekala, warum versteckst du dich? Komm, trete ein in dein Haus, Chef!» Und was konnte Kawadelekala schon dagegen haben, denn er wusste, dass sie eine Person mit übernatürlichen Kräften war, und so folgte er ihr.

Als Kawadelekala in das Haus eingetreten war und vor dem Feuer stand, schauten die andern zunächst nicht auf. So sah er sich erst einmal um und entdeckte die geschnitzten Wolfspfosten des Hauses. Auch das Querstück unter den Längsbalken zeigte einen Wolf auf jeder Seite, ebenso wie die grossen geschnitzten Planken im hintern Teil des Hauses. Und auf der Haustür waren sich gegenübersitzende Hunde abgebildet. Schliesslich begrüsste ihn der alte Mann: «Sei willkommen in deinem Haus, Chef. Trete näher und nimm Platz auf dem Chefsitz», und er wies auf den hinteren Teil des Hauses. Er fuhr fort: «Schau dir nun unsere Tänze an.» Sobald er dies gesagt hatte, ertönte der Hamama-Gesang, und sofort schlugen die Sänger den Rhythmus. Zunächst zeigten die Geistertänzer ihre übernatürlichen «Schätze» in Form ihrer Masken und der dazugehörigen Tänze. Nachdem die vier Gesänge vorüber waren, versank jeder der Tänzer in einer der Ecken des Hauses im Boden.

Danach sprach der alte Mann: «Kawadelekala, denke daran, dass du nicht vergisst, was du hier siehst.» Kaum war dies ausgesprochen, als auch schon die Pfeife des Masdeka- oder Madam-Tanzes ertönte. Man hörte sie vom Dach des Grosshauses, und es dauerte nicht lange, bis ein junger Mann durch das Dach des Hauses geflogen kam. Viermal schwebte er im Kreis durch das Innere des Grosshauses, bis er schliesslich auf den Boden herabkam und zu tanzen begann, denn die Sänger hatten inzwischen zu singen angefangen. Er lief um das Feuer und versank schliesslich im hintern Teil des Hauses im Boden. Nach einer Weile tauchte die Masdeka-Maske an derselben Stelle noch insgesamt viermal wieder auf, bevor sie endgültig im Boden verschwand. Als dies beendet war, wies der alte Mann Kawadelekala darauf hin, nach seiner Heimkehr darauf vorbereitet zu sein, dass man ihm nun bald das Grosshaus zu seinem Wohnplatz bei «Sandbank» bringen würde.

Wenige Tage später wurde das Grosshaus Kawadelekala eines Nachts gebracht und befand sich von nun an dort, wo seine frühere Behausung gestanden hatte. Man betrat es durch einen aufgemalten, zuschnappenden Mund. Als es Nacht wurde, ertönte die Pfeife im hinteren Teil des Hauses. Sogleich schickte Kawadelekala seine Ge-

hilfen aus, um den Stamm einzula-
den, und es dauerte nicht lange,
bis sich alle im Grosshaus versam-
melt hatten. Nun zeigte Kawadelekala all das, was er bei den Wölfen
gesehen hatte und noch einiges
mehr, nämlich viele Wolfsmasken.
Man sagt, es seien an die hundert
Wolfsmasken gewesen.»

(Aus: Erich Kasten, *Maskentänze der
Kwakiutl: Tradition und Wandel in
einem indianische Dorf.* Berlin 1990,
S. 103)

Wolf-Kopfmaske von Joe David (s. auch S. 113f.)

Kunst der Nordwestküste: Traditioneller Stil

1. Begründung und Ziel

Die Beschäftigung mit der Kunst der Nordwestküsten-Indianer bietet die Chance, Bedeutung und Besonderheit eines Schaffens kennenzulernen, das sich durch seine Eigenständigkeit, seinen besonderen Stil von allen andern Kunstwerken der Welt unterscheidet. Ob uns dieser Stil gefällt oder nicht, ist nicht in erster Linie ausschlaggebend; wichtiger ist es, die Einzigartigkeit der indianischen Nordwestküsten-Kunst genauer zu erfassen und richtig zuzuordnen.

Dieses Unterrichtsthema knüpft an das vorangegangene an, gehört doch die Schnitzkunst der Nordwestküsten-Indianer zu jenen Fertigkeiten, die im plastischen Bereich zu Formen höchsten künstlerischen Ausdrucks führten.

Während jedoch die Maskenkunst auch bei vielen anderen Völkern (vor allem etwa in Afrika) in ähnlich ausgeprägter und hoher Vollendung anzutreffen ist, sind die Malereien und reliefartigen Schnitzereien an der Nordwestküste so einmalig, ausdrucksstark und originell, dass es sich lohnt, sich mit dieser nicht immer leicht zugänglichen und trotzdem so überaus faszinierenden Formensprache eingehender zu befassen. Eine exemplarische Analyse lässt auch Schülerinnen und Schüler einen schöpferischen Gestaltungsprozess nachvollziehen, in dem der ausgeprägte Stilwille der indianischen Künstler seinen angemessenen Ausdruck fand.

2. Thematische Grundinformation

Es ist keineswegs selbstverständlich, dass heute die Stammeskunst aus Afrika, aus der Südsee oder von der nordamerikanischen Westküste auf unsere höchste Wertschätzung zählen darf. Allzulange wurden von Urvölkern anderer Kontinente stammende Objekte wie Bilder, Masken, Reliefs, Skulpturen etc. als zwar halbwegs interessante, aber eben doch seltsame exotische Erzeugnisse angesehen, die man mit dem letztlich abschätzigen Etikett «primitiv» allzu leicht abtun konnte.

Es bedurfte der Offenheit und des Auges bedeutender europäischer Künstler wie Maurice de Vlaminck, André Derain, Henri Matisse, Pablo Picasso, Georges Braque oder der «Brücke»-Maler Emil Nolde, Ernst Ludwig Kirchner, Erich Heckel, Max Pechstein und vieler anderer, um die grossartige formale Gestaltung, die expressive Ausdruckskraft und die geheimnisvolle magische Wirkung dieser Stammeskunst zu entdecken und schliesslich auch für das eigene künstlerische Schaffen fruchtbar zu machen.

Dank dieses «Umwegs» wurde allmählich auch eine weitere Öffentlichkeit auf die aussereuropäische Kunst aufmerksam; bedeutende Ausstellungen und Museen trugen dazu bei, Ursprung, Bedeutung und hohe Qualität der Stammeskunst einem immer grösser werdenden Publikum nahezubringen. Heute wird «primitiv» in Zusammenhang mit überseeischer Kunst als positive Kennzeichnung im Sinne von «ursprünglich, den Wurzeln des Lebens nahe, wahr und unverstellt» verwendet. So zählt auch die Kunst der Nordwestküsten-Indianer heute zur Weltkunst.

Technik und Stil der Nordwestküsten-Indianer kommen insbesondere in der traditionellen Schnitz- und Malkunst zum Ausdruck. Sie basieren auf einem sehr komplexen und in sich geschlossenen System aus Formen (und Farben). Daraus resultiert eine Klarheit des Stils, der unverwechselbar ist. Er findet sich am augenfälligsten in der Reliefschnitzerei, in der Malerei oder in einer Kombination von beidem (z.B. in den Totempfählen und Masken). Auch wenn Holz das Grundmaterial bildet, wurde derselbe Stil auch bei der Dekoration von Leder, Horn, Knochen, Metall, Körben oder Decken angewendet. Bei ausgesprochen dreidimensionalen Objekten folgt die Oberflächen-Dekoration ebenfalls der gleichen komplexen, formalen

Gestaltungsorganisation. Im späten 19. Jahrhundert erreicht dieser Stil seine höchste Vollendung, und zwar vor allem bei den Tlingit, Haida, Tsimshian, Bella Coola und Bellabella. Seine Verbreitung im zentralen Nordwestküsten-Gebiet ist eine Spät-Erscheinung, auch wenn einige der stilistischen Prinzipien für diese Gegend einen durchaus ursprünglich-traditionellen Charakter besitzen.

Die Kunst der Nordwestküste ist gegenständlich, freilich stärker stilisiert und symbolisch als naturalistisch. Sie hat hauptsächlich einen dekorativen Charakter, obwohl ihre ursprüngliche Funktion in der Zurschaustellung der Embleme und Wappen bestand, die sich rechtens im Besitz bestimmter Verwandtschaftsgruppen befanden. Diese Funktion der Zurschaustellung trug teilweise zweifellos zu ihrer Schablonenhaftigkeit bei, wie sie in einer Anzahl verhältnismässig strenger Gestaltungsregeln ausgedrückt wird: Harmonie in der Komposition, basierend auf einer kontinuierlichen Linienführung, die die Umrisse stark betont, sowie spielerische Variation und teilweise Abstraktion von standardisierten Gestaltungseinheiten (siehe weiter unten) zu flächenfüllenden Gruppierungen oder zu allenfalls auch das dargestellte Motiv zerstückelnden Anordnungen ohne Preisgabe einer insgesamt gestalterischen Ausgewogenheit.

Der total harmonische Gebrauch respektive die Ausnützung der Bildfläche ist eines der Hauptprinzipien der Komposition. Die wiedergegebenen Formen werden konsequent als der Bildfläche untergeordnet betrachtet, selbst wenn diese Fläche einmal nicht völlig ausgefüllt ist. Die Formen – sie sind von beobachtbaren Proportionen und Figuren abgeleitet – reduzieren sich auf eine beschränkte Zahl von standardisierten Einheiten (eiförmige Ovale respektive «Ovoide», Augenlider, Augenbrauen, Finger, U- und S-Formen).

Das Rückgrat der Kompositionen bildet die Umrisslinien-Struktur. Sie setzt sich aus den obgenannten Standardeinheiten zusammen, die alle von sanft auseinander- und wieder zusammenlaufenden Linien begrenzt sind. Diese Linien gehen in einem in sich geschlossenen Rahmen auf, der die Umrisse des Gegenstandes definiert. In der Malerei sind die wichtigen Umrisslinien in der Regel schwarz (gelegentlich rot) gefärbt; in den Reliefschnitzereien verbleiben sie auf dem Oberflächenniveau.

Weitere Gestaltungsprinzipien schliessen horizontale Symmetrie und die ovale Beugung paralleler Linien mit ein. Weniger starke Stilisierung, die immer wieder zu beobachten ist, drückt sich in Abweichungen von der Symmetrie aus oder etwa darin, dass parallele Linien, Kreise, Rechtecke nicht mehr in Ovale umgebeugt werden.

(Zusammengefasst und übersetzt aus: Christian F. Feest, *Native Arts of North America*. (updated edition) London 1992)

3. Anregungen für den Unterricht

Materialien

– Arbeitsblatt 17: Rabe und Wolf
– Arbeitsblatt 18a: Grundformen der Gestaltung I
– Arbeitsblatt 18b: Grundformen der Gestaltung II
– Arbeitsblatt 18c. Grundformen der Gestaltung III
– Arbeitsblatt 19: Mit Reliefschnitzereien verzierte Bentbox
– Dias Nr. 16, 17, 28, 32, 33, 36

Einstiegsmöglichkeiten

● Es ist davon auszugehen, dass jeder Schülerin/jedem Schüler anhand eigener Erfahrungen mehr oder weniger geläufig ist, was in seiner nächsten Umgebung als «Kunst» bezeichnet oder angesehen wird.

Beispiele (u.a. auf dem Schulweg), die die Schüler/innen beschreiben oder – bei etwas grösserem Vorbereitungsaufwand – selbst (mit Fotos, Postkarten, Bildbänden etc.) dokumentieren, helfen mit, sich der Kunst als Phänomen zu nähern. Je nach Art der ausgewählten Beispiele ergänzt der Lehrer/die Lehrerin durch Hinweise oder Fragen die Inventare. Was hängt in eurer Wohnung/eurem Zimmer an der Wand? Was stellt ihr euch unter «Kunst am Bau» vor? Kann auch ein Gebäude/kann Architektur Kunst sein (Baudenkmal!)? Bei jüngeren Schülerinnen und Schülern kann man es bei dieser ersten groben Standortbestimmung bewenden lassen.

● Spannend auf dem Weg zu einer möglichen Definition bzw. Eingrenzung von Kunst für ältere Schüler/innen wird es im sogenannten Grenzbereich zwischen Kunst – Kunsthandwerk – Design – Kitsch.

– Sind beispielsweise Fotos oder Plakate schon Kunst?
– Dürfen auch sogenannt alltägliche Gebrauchsgegenstände oder Einrichtungsmaterialien wie z.B. Besteck, Geschirr, Uhren, Möbel, Stoffe, Tapeten, Teppiche etc. als Kunst bezeichnet werden?
– Was ist unter Kunsthandwerk zu verstehen?
– Wann ist beispielsweise eine Uhr, ein Löffel, eine Vase, ein Teekrug ausstellungswürdig?

● Bei jedem Gang durch das Schweizerische Landesmuseum oder irgendein Ortsmuseum stösst der Besucher/die Besucherin auf kleinere und grössere Objekte, die nicht nur aus erlesenem Material (z.B. Silber, Gold, Elfenbein, Edelholz, Seide etc.) hergestellt sind, sondern sich durch eine besonders ausgewogene oder exklusive Formgebung, durch geschmackvolle Tongebung/Bemalung, durch feinste Verzierungen, oft auch exquisite bildliche Darstellungen etc. auszeichnen.

– Ist Einzigartigkeit (Originalität) das einzige Kriterium, oder gibt es noch andere Gründe, um ein Objekt im Museum auszustellen? (Einmaligkeit, Seltenheit, Wert, Kostbarkeit etc.)

– Aufgrund dieser gemeinsam zusammengetragenen Beobachtungen wird den Schülerinnen und Schülern der offensichtlich besondere Wert bewusst, der diesen Objekten in den Augen von Kennern und Liebhabern eignet; gleichzeitig erkennen sie, dass auch bei uns der Wunsch oder Drang wach ist, unsere nächste oder weitere Umgebung (vom privaten Wohnbereich bis zur Stadtlandschaft mit Gärten und Parks) in einer Weise zu gestalten, zu schmücken oder zu verschönern, die über die reine Zweckbestimmung weit hinausgeht.

● Wie müssten beispielsweise die Schulhausgänge, der Pausenplatz nach dem Geschmack der Schüler/innen aussehen, um den grauen Schulalltag vergessen zu machen? Ein Vergleich verschiedener Vorschläge (oder gar Visionen) mag deutlich machen, wie subjektiv unsere Vorstellungen von «angenehm», «gemütlich», «schön», «anregend» etc. sind. Genauso verhält es sich mit unserer Einstellung zur Kunst: Ob uns etwas gefällt, anspricht, bewegt, hängt zunächst weitgehend von unserem Geschmack ab, ist «Geschmackssache»... In diesem Sinne ist Kunst polyvalent, lässt die verschiedensten Reaktionen zwischen Zustimmung und Ablehnung zu und ist in der Regel wenig geeignet, eine glatte, eindimensionale Botschaft (z.B. eine extreme politische Überzeugung) zu vermitteln.

● Zur Frage des Materials und der künstlerischen Techniken:
Wie und womit wurde und wird zweidimensionale (bildende) Kunst bei uns produziert? (Als Fresko auf Mauern (Pompeji), als Tafelmalerei auf einer Holzunterlage (romanische Decke von Zillis), als Ölmalerei auf Leinwand.) Für dreidimensionale Kunstgegenstände oder Installationen werden die vielfältigsten Materialien verwendet, bearbeitet und kombiniert: Stein (Marmor, Granit), Metall (Eisen, Stahl), diverse Kunststoffe (Polyester), Glas, Lehm, Holz etc. Als Hilfsmittel werden besondere Werkzeuge oder Einrichtungen wie Pinsel, Schaber, Hammer, Meissel, Sägen, Schweissgeräte, Brennöfen, Farben etc. verwendet.

Thematische Vorschläge

● Um den Stil der typischen, sofort als etwas Besonderes ins Auge springenden Nordwestküsten-Kunst kennenzulernen, müssen wir schrittweise vorgehen, soll sich uns nach und nach der ganze Reichtum dieser einmaligen Formensprache erschliessen.

1. Zunächst betrachten wir die beiden Darstellungen auf dem Arbeitsblatt 17: Rabe und Wolf

– Wir suchen nach Merkmalen, die uns die Identifizierung der beiden abgebildeten Tierfiguren erlauben: links deuten Schnabel, zwei Flügel, schmaler Leib, Klaue, Schwanzfedern auf einen Vogel (Rabe) hin, rechts lassen Maul/Schnauze, Schwanz,

Rumpf, Arme/Beine, Klauen ein Landtier (Wolf) vermuten.

– Weitere Besonderheiten, die uns auffallen:
Der Rabe, dessen Kopf und Leib im Profil dargestellt sind, weist nur ein Bein mit Klaue auf. Seine Flügel sind keineswegs, wie vielleicht zu erwarten wäre, gleich (links vier, rechts drei Federnelemente). Auch wenn hier auf strenge Symmetrie verzichtet worden ist, wirkt das Zusammenspiel aller Formen und Teile leicht und ausgewogen, wie es sich für einen Vogel, der fliegen kann, eigentlich gehört. Die Zeichenfläche wird ausgenützt, es bleiben verhältnismässig wenige Leerstellen übrig.

– Der Wolf ist als Ganzes im Profil wiedergegeben. Er weist nur ein Vorder- und ein Hinterbein auf. Die Tatze des Vorderbeins ist von oben gesehen (mit vier Krallen), während die Hintertatze – von der Seite gesehen – nur gerade zwei Krallen zeigt. Die Darstellung des aufrecht sitzenden Wolfs mag etwas gar steif wirken. Auch hier fällt auf, wie der Raum – ein Rechteck – bis in alle vier Ecken ausgefüllt worden ist.

2. Die Arbeitsblätter 18a–c: Grundformen der Gestaltung I–III dienen uns dazu, mit den wichtigsten Grundformen vertraut zu werden, die in vielerlei Varianten bei der Darstellung einzelner Figuren oder ganzer Figurengruppen Verwendung finden.

Ovoide

Nicht ganz einfach zu definieren ist die in sich geschlossene Rundform, für die sich die Bezeichnung Ovoid (= Eiform) eingebürgert hat (A). Wie die Dicke der Umrisslinie stark variiert, kann auch die Form je nach Bedarf in die Länge gezogen, komprimiert und/oder seitlich eingebuchtet sein. Im leeren/weissen Innenraum kann ein weiteres Ovoid, diesmal «gefüllt», plaziert werden (B). Weiteren mehr oder weniger kühnen gestalterischen Experimenten oder Spielereien sind keine Grenzen gesetzt (C).

U-Formen

Viele Möglichkeiten bieten die auf eine Seite offenen U-Formen: dicke oder schmale Umrandung, symmetrische oder verschieden lange und dicke «Schenkel». Der freie Raum zwischen den Schenkeln kann mit weiteren U-Formen aufgefüllt werden (D). Auch gespaltene U-Formen sind beliebt, insbesondere bei der Darstellung von Federn (E resp. H, I und K).

S-Formen

Neben leicht erkennbaren S-Formen stösst man auch auf neue Kombinationen (bananenförmig, einem Parallellogramm ähnlich, F).

3. Nachdem die Schüler/innen diese drei Formen und ihre verschiedenen Weiterungen verbal und zeichnerisch einigermassen erfasst haben, suchen sie diese auch beim Raben und Wolf (vgl. Arbeitsblatt 17) und übertragen diejenigen, welche ihnen am besten gefallen,

auf ein separates Blatt (auf die richtigen Proportionen achten!).

4. Eine weitere Anleitung zum Erkennen und Vergleichen der verschiedenen Darstellungen von Augen (G), Vogelfedern (H), Vogelflügeln (I) und Vogelschwänzen (K) sowie von Vogel- oder Tierklauen (L) findet sich auf den Arbeitsblättern 18b–c.

– Wir konzentrieren uns zuerst auf die Augenformen und staunen über die Vielzahl der Möglichkeiten, Augen und Augenlider zu zeichnen. Welche Formen gefallen uns am besten? Wir versuchen sie auf ein Blatt Papier zu übertragen. Vielleicht gelingt uns gar eine Neuschöpfung! Im Gegensatz zum Auge des Raben entspricht das Auge des Wolfs nicht ganz den abgebildeten Mustern, sondern stellt eine nicht abgebildete, neue Kombination von Auge und Lid dar. Welche?

– Ähnlich verfahren wir bei der genaueren Betrachtung der Vogelfedern, -flügel und -schwänze auf den Arbeitsblättern 18b–c sowie beim Raben selbst. Auch hier überraschen uns die verschiedenen, teilweise recht komplizierten Formen, von denen nur eine praktisch identisch auch beim Raben anzutreffen ist. Welche? (Vogelschwanz). Wenn auch die auf dem gleichen Arbeitsblatt abgebildeten Vogel- und Tierklauen nicht genau denjenigen unseres Raben respektive Wolfes entsprechen,

101

beeindruckt uns auch hier einmal mehr der Formenreichtum,
der nicht nur den verschiedenen
Tierarten Rechnung trägt, sondern Spezialisten auch als Er-
kennungsmerkmal dienlich sein
kann.

5. Arbeitsblatt 19: Zwei Drucke
von Robert Davidson

Zum Abschluss wählen wir zwei
nicht ganz einfach zu interpretie-
rende Darstellungen von Robert
Davidson (einem Haida von den
Queen-Charlotte-Inseln), die auf
seine intensive Beschäftigung mit
der sogenannten Bentbox oder
Vorratstruhe der Nordwestküsten-
Indianer zurückgehen. (Zu deren
besonderen Herstellungsweise siehe Kapitel «Holzbearbeitung».) Es
handelt sich dabei um «Vorlagen»
für die Vorder- respektive Rücksei-
te einer vom Künstler in Silber aus-
geführten Miniatur-Box.

Die rechteckigen Flächen einer
Bentbox stellen für den Künstler
eine besondere Herausforderung
dar, geht es doch darum, die ganze
verfügbare Fläche auszufüllen,
auch wenn das darzustellende Tier
– in diesem Fall ein Wolf! – alles
andere denn «viereckig» ist. Mag
auch die starke Verzerrung der
Proportionen das Erkennen der
einzelnen Attribute des Wolfs er-
schweren, lassen sich bei genauer
Betrachtung mit der Zeit mehr und
mehr Einzelheiten erkennen. Gerade auch für Schüler/innen dürfte
diese «kleine Sehschule» zu einer
spannenden Entdeckungsaufgabe
werden.

– Im Bild a) ist der Kopf des Wolfes abgebildet, zunächst klein im
Zentrum. Um diesen herum sind
links und rechts die Augen mit
breiten Ovoids, oben die Nase
und unten das Maul mit breiten
Zähnen angeordnet. Die ebenfalls überdimensionierten Ohren
füllen die beiden oberen Ecken
aus.

– Im Bild b) haben offensichtlich
die übrigen Körperteile des Wolfes ihren Platz gefunden. So erkennen wir unten die Beine respektive Füsse (ganz aussen die
Klauen), darüber den Wolfskör-
per. In der oberen Hälfte glauben wir überraschend ein
menschliches Gesicht sowie
links und rechts menschliche
Hände (vier gestreckte Finger
sowie die zusammenlaufenden,
das Gesicht begrenzenden Dau-
men!) auszumachen. Dies hängt
damit zusammen, dass der
Mensch häufig in Tiergestalt –
wie hier als Wolf – aufgefasst
und dargestellt wurde. Dasselbe
gilt auch von den sogenannten
«Lachsmenschen». In den oberen Ecken schliesslich lassen
sich die Hinterläufe des Wolfs
vermuten.

Alles in allem eine doch recht un-
konventionelle, stilisiert-reduzierte
Darstellung, die ihr Ziel, die Fläche ganz mit den vorgegebenen
bildnerischen Mitteln auszufüllen,
in überzeugender Weise erreicht.
Dazu trägt übrigens auch die Farbgebung (helle Flächen = rot) bei.
Nicht zu übersehen ist die auf beiden Darstellungen konsequent ein-

gehaltene Symmetrie.

● Betrachtung der Dias (wie unter
Materialien angegeben) mit verschiedenen Objekten im traditionellen Nordwestküsten-Stil.

Rabe (von Bill Reid) und
Wolf (von Freda Diesing)

Grundformen der Gestaltung I

A

B

C

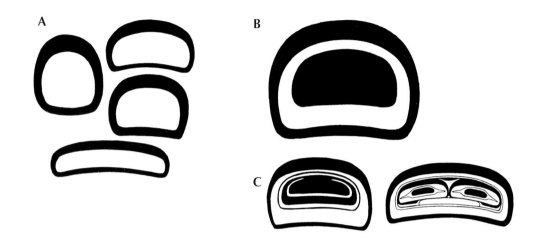

D

E

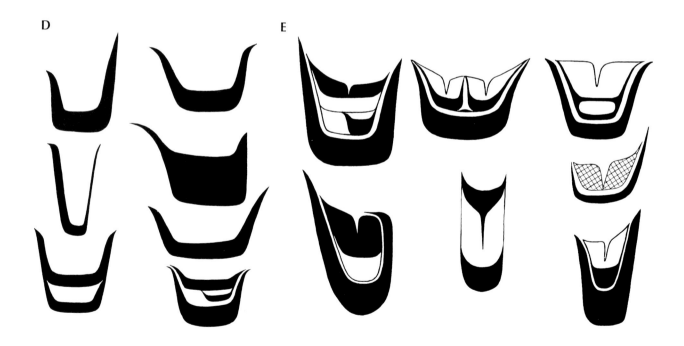

Grundformen der Gestaltung II

F

G

H

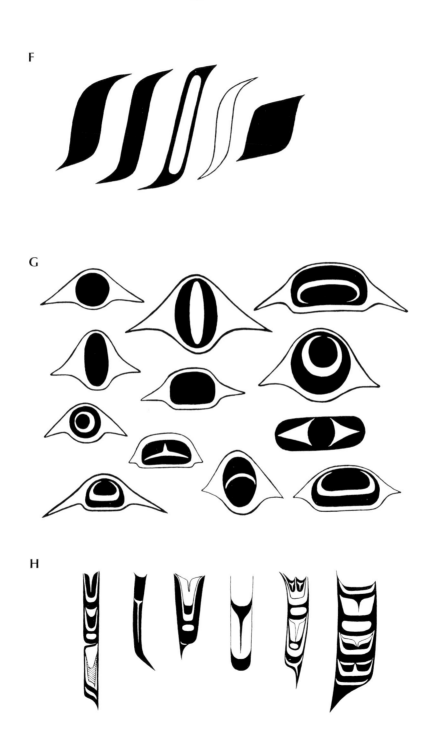

Grundformen der Gestaltung III

I

K

L

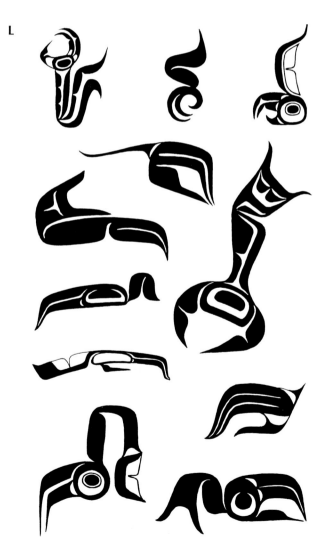

Wolfdarstellungen von Robert Davidson

(Siebdrucke)

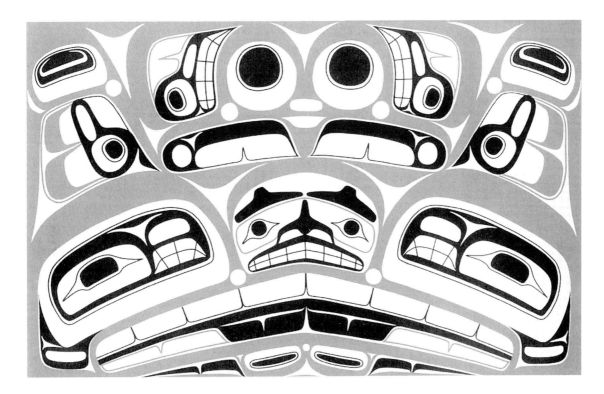

Kunst der Nordwestküste: Zeitgenössische Künstlerinnen und Künstler

1. Begründung und Ziel

Eingedenk der Absicht dieses Buches, stets auch die Gegenwart im Auge zu behalten, soll dieses Kapitel in sinnvoller Ergänzung zum vorausgegangenen dem zeitgenössischen indianischen Kunstschaffen an der Nordwestküste gewidmet sein. Trotz Verwendung neuer Materialien und Techniken und einer gewandelten Funktion der indianischen Kunst ist das Traditionsbewusstsein ihrer heute wichtigsten Protagnonisten immer noch sehr stark, was freilich die Suche nach neuen Ausdrucksformen keineswegs verhindert.

Dafür stehen mehr oder weniger alle drei der in diesem Kapitel näher behandelten Künstler/innen, nämlich *Joe David* (geboren 1946), *Susan A. Point* (geboren 1952) und *Lawrence Paul Yuxweluptun* (geboren 1957). Die Beschäftigung mit den hier ausgewählten Werken aus den Bereichen der Malerei oder Graphik müsste trotz der aus Platzgründen gebotenen Beschränkung ausreichen, um den Schülerinnen und Schülern einen abwechslungsreichen Einblick in die Wurzeln und Tradtionsgebundenheit, aber auch in das überraschende Innovationsvermögen des zeitgenössichen indianischen Kunstschaffens an der Nordwestküste zu vermitteln.

2. Thematische Grundinformation

Im Vergleich mit dem traditionellen Stil der Nordwestküsten-Kunst im letzten Jahrhundert und seinen mehr oder weniger anonymen Protagonisten zeigt sich, dass heute Veränderungen weniger im Stil oder in der Motivwahl festzustellen sind als vielmehr im benutzten Material (z.B. synthetische Farben, Metallwerkzeuge, Papier) und in der Technik (z.B. elaborierte Schnitz- und Gravurtechnik, Siebdruck). Vor allem hat sich jedoch unter dem Einfluss der anglo-kanadischen Gesellschaft die Funktion der Kunst gewandelt.

Nach dem 2. Weltkrieg begannen sich immer mehr Ethnologen und Museumskuratoren für das Kunstschaffen der Nordwestküsten-Indianer zu interessieren und trugen dazu bei, ältere (traditionelle) Kunstwerke vor dem Zerfall zu retten, indem z.B. Totempfähle konserviert, restauriert oder durch originalgetreue Repliken ersetzt wurden. Dies ermutigte die wenigen noch praktizierenden indianischen Künstler, ihre Kunst zu professionalisieren und wieder vermehrt jüngere Künstler auszubilden. So kam es Mitte der 60er Jahre zur Gründung einer eigentlichen indianischen Kunstschule, der sogenannten Northwestcoast Indian Art School in Ksan bei Hazelton, die zu einer Art Mekka für Künstler der ganzen Nordwestküste wurde.

Als unmittelbare Folge dieser Entwicklung erwachte das Kunstschaffen an der Nordwestküste allmählich zu neuer Blüte. Die Künstler (und neuerdings auch Künstlerinnen) nutzten und nutzen – wie erwähnt – neue Techniken wie den Siebdruck oder neue Materialien wie Gold und Silber für die Herstellung von Schmuckwaren. Immer mehr Künstler/innen versuchten, die traditionellen Stilelemente zu modernisieren, liessen «fremde» Kulturelemente einfliessen, die in Verbindung mit westlichen Stilmitteln (z.B. Lawrence Paul) zu neuen Synthesen führten.

So steht der/die moderne indianische Künstler/in nicht mehr ausschliesslich im Dienste seiner/ihrer Kultur oder Sozialordnung, innerhalb der er/sie beispielsweise im Auftrag Masken für hochrangige Mitglieder einer Gemeinschaft schnitzt. Etliche schaffen es – wie die Künstler früherer Zeiten (vgl. S. 89f.) –, von ihrer Kunst zu leben, zum Teil nicht ohne ihre Werke nach den Bedürfnissen eines breiten Publikums auszurichten. Indem sie ihr Schaffen mehr und mehr in Galerien und Museen ausstellen, setzen sie sich dem direk-

ten Vergleich mit nicht-indianischen Künstlerinnen und Künstlern
und dem damit verbundenen Kon-
kurrenzdruck aus. Der Umstand,
dass indianische Kunstprodukte
seit den 60er Jahren zunehmend
zu begehrten Verkaufsobjekten
wurden, wirkte sich dementsprechend nachhaltig auf das Rollen-
verständnis der Künstler/innen aus.
Diese sahen sich unversehens als
individuelle, zumeist professionell
arbeitende Vertreter/innen des indianischen Kunstmarktes, die ihre
Werke signierten und ihren eigenen Marktwert besassen.

«Für die indianische Gesellschaft
von heute sind die Künstler und
Künstlerinnen nicht nur Protagonisten eines ethnischen Erbes, das
sie mit ihrer Kunst aufrechterhal-
ten, sondern ihre Arbeiten bewirken innerhalb der indianischen
Gesellschaft eine Rückbesinnung
auf traditionelle Kulturwerte.

Insbesondere die Wiederbelebung
ritueller Tänze, Gesänge und der
eigenen Sprache muss in diesem
Zusammenhang erwähnt werden.
Indianische Identitätssuche und
ethnischer Widerstand gegen eine
geistige und kulturelle Vereinnah-
mung durch die nicht-indianische
Gesellschaft gehören deshalb heute zu den wesentlichsten Elementen der ästhetischen Aktivitäten
indianischer Künstlerinnen und
Künstler.

Mit dem Wandel in der Funktion
und Bedeutung der Kunst und dem
veränderten Rollenbewusstsein,
gepaart mit einer professionellen

Arbeitsweise, setzte auch eine
neue ästhetische Freiheit der Kunst
ein. Dieses Phänomen wurde
zunächst in der Malerei erkennbar,
zeigt sich mittlerweile aber in allen
Formen der indianischen Kunst der
Nordwestküste. Traditionelle Stil-
vorgaben der Künstler werden zunehmend individuell, nach einer
eigenen ästhetischen Deutung
künstlerisch umgesetzt. Ihre Arbeiten werden abstrakter, oder sie in-
tegrieren Elemente, die Szenen aus
ihrem Leben darstellen. Sie gehen
spielerisch mit den traditionellen
Formlinien um, was sowohl die
Gestalt der Objekte als auch die
Farbe betrifft.

Diese neue Kunst orientiert sich
zwar nicht immer an der alten
Bildsprache, stösst aber in eine andere künstlerische Dimension vor.
Die Künstler begreifen sich nicht
mehr nur als Produzenten traditioneller Bilder, sondern verstehen
sich zunehmend als künstlerische
Individuen, die ihren eigenen
ästhetischen Stil suchen.»

(Aus: Ralf Streum (Hrsg.), *Der Rabe
brachte die Sonne: Moderne Kunst der
Indianer Nordwestamerikas*. München
1993, S. 25)

3. Anregungen für den Unterricht

Materialien

– Arbeitsblatt 20: Joe David –
  Porträt und Bilder
– Arbeitsblatt 21: Susan A. Point –
  Portät und Bilder
– Arbeitsblatt 22: Lawrence Paul –
  Porträt und Bilder

– Lesetexte 9a–9e: Lieder (eng-
  lisch/deutsch) von Willie Dunn
  und David Campbell

Zur Beachtung:
Die nachstehend behandelten
Werke sind nicht nur schwarzweiss auf den Arbeitsblättern wiedergegeben, sondern stehen farbig
auch als Dias zur Verfügung. Postkarten derselben Bilder sind im
Völkerkundemuseum der Universität Zürich erhältlich.

– Dias Nr. 39–41, 43, 44, 46, 47

Einstiegsmöglichkeiten

● Zur Einstimmung in die nachfol-
genden Bildbetrachtungen kann
grundsätzlich auf die gleichen Vorschläge wie im vorhergehenden
Kapitel (vgl. S. 99f.) zurückgegrif-
fen werden, falls nicht schon dort
von ihnen Gebrauch gemacht worden ist.

● Für ältere Schüler/innen: Wie
steht es mit dem (politischen) Engagement von Künstlerinnen und
Künstlern bei uns? Wie drückt sich
dieses aus? (nur durch den Inhalt
des Werkes oder auch durch persönliche Handlungen, z.B. in Auf-
rufen oder Manifesten, in der Zugehörigkeit zu einer politischen
Partei etc.) Welche Wirkung können dabei Kunstwerke ausüben?
(Ausdruck von Protest, Hilfen zur
Bewusstseinsbildung etc.) Welche
Künstler/innen wären in diesem
Zusammenhang zu nennen?
(Goya, Daumier, Heartfield, Beuys
etc.). Gibt es auch Grenzen, deren
Missachtung der Kunst schadet, sie

gar zerstört und vernichtet? (Missbrauch von Kunstwerken zu Propagandazwecken im Dritten Reich etc.)

Thematische Vorschläge

Vorbemerkung zur Arbeitsweise

Da es in diesem Kapitel u.a. darum geht, ausgewählte Werke indianischer Nordwestküsten-Künstler/innen von heute zu betrachten, ist es von Vorteil, wenn die Schüler/innen bereits bei früherer Gelegenheit in die Bildbetrachtung eingeführt worden sind. In diesem Fall lässt sich verantworten, die Schüler/innen direkt mit den Bildern zu konfrontieren und im gemeinsamen Gespräch zusammenzutragen, was diese beim Betrachten der Bilder sehen resp. empfinden. Wenn nötig, kann der Lehrer/die Lehrerin mit Hinweisen, wie sie nachstehend oder auf den Arbeitsblättern wiedergegeben sind, Anstösse zu weiteren Überlegungen geben.

Für in der Bildbetrachtung wenig(er) geübte Schüler/innen empfiehlt sich von Anfang an der Einsatz der Arbeitsblätter 20–22 (ganze Klasse oder gruppenweise). Die beigegebenen biographischen Abrisse erleichtern den Zugang zu den schwarzweiss reproduzierten Bildern, die je nachdem auch farbig als Dias projiziert werden können.

Die ausgewählten Bilder schliessen mit Absicht an die traditionelle Formensprache an, entfernen sich jedoch von dieser mehr oder weniger weit, was sie unterschiedlich leicht respektive schwierig «lesbar» macht. Nicht zuletzt hängt der Zugang davon ab, ob und wie intensiv das vorhergehende Kapitel behandelt worden ist. Vergleiche der charakteristischen Formelemente von früher mit ihrer heutigen Verwendung ergeben Ähnlichkeiten, aber auch Abweichungen, die aufschlussreich für die je verschiedenen Erneuerungsbestrebungen sind. Diese sollten auch Schülerinnen und Schülern klar werden und verbalisiert werden können.

Grundsätzlich ist eine eingehendere Betrachtung der Bilder ab der Mittelstufe, in einzelnen Fällen mit Vorteil erst ab der Oberstufe möglich.

● Joe David: Arbeitsblatt 20 und Dias Nr. 39–41 (eher für die Oberstufe)

Aus Joe Davids vielseitigem Schaffen greifen wir drei Siebdrucke heraus, die für sein Wesen und sein Denken charakteristisch sind. In ihnen drückt sich der starke spirituelle Aspekt seiner Kunst eindringlich aus.

Aussagen, die der Künstler 1988 zu den drei Bildern gemacht hat, finden sich mit zusätzlichen Erläuterungen auf dem Arbeitsblatt 20.

● Susan A. Point: Arbeitsblatt 21 und Dias Nr. 43, 44 (ab Mittelstufe)

Susan A. Point steht für immer zahlreichere indianische Frauen, die sich der bildenden Kunst verschrieben haben. Ihre Ausdrucksmittel sind breit gefächert und reichen von Silberschmuckarbeiten bis zum Siebdruck oder zur Acrylmalerei. Durch intensive Museumsbesuche hat sie sich von den künstlerischen Traditionen ihrer Vorfahren inspirieren lassen. Vor allem die grossen hölzernen Spinnwirtel, die zum Spinnen der Wolle von Bergziegen für Webzwecke verwendet werden, haben es ihr als Vorbilder für ihre Designs angetan. Ausser mit einem leicht verständlichen Druck beschäftigen wir uns deshalb auch mit einer kreisförmigen Komposition, die einem solchen Spinnwirtelmotiv nachempfunden, zugleich aber dem persönlichen Stil der Künstlerin und dem von ihr benutzten Medium angepasst ist.

Weitere Hinweise zu Person und Bildern von Susan A. Point sind auf dem Arbeitsblatt 21 zusammengefasst.

● Lawrence Paul: Arbeitsblatt 22 und Dias Nr. 46, 47 (Mittel-/Oberstufe)

Lawrence Paul ist zweifellos derjenige unter den drei hier vorgestellten Künstlern, der die Betrachter/innen mit seinen Bildern am meisten herausfordert. Auch wenn Einflüsse des Kubismus und Surrealismus – beides europäische Bewegungen – in seinen Werken unverkennbar sind, haben sie die Entwicklung von Lawrence Paul zu einem höchst eigenständigen Künstler nicht verhindert. Gekonnt benutzte er sie als willkommene und überaus geeignete Stilmittel, um seinem starken Engagement gegen Umweltzerstörung und Unterdrückung der sozial Schwachen sichtbaren Ausdruck zu verleihen. Trotz seiner ungewöhnlich anmutenden Bildsprache haben sich selbst bei ihm gewisse Elemente des traditionellen Stils durchaus erhalten.

Weitere Hinweise zu Person und Werken von Paul Lawrence liefert das Arbeitsblatt 22.

● Ausführliche Informationen sowohl zu den drei Künstler/innen als auch zur Nordwestküsten-Kunst im allgemeinen finden sich im Ausstellungskatalog von Peter R. Gerber und Vanina Katz Lahaigue, *Susan A. Point, Joe David, Lawrence Paul*. Zürich 1989. Der Katalog kann im Völkerkundemuseum der Universität Zürich bezogen werden (Preis Fr. 5.–).

● Zu den Lesetexten 9a–9e

Zusätzlich zur Betrachtung ausgewählter Bilder mag es reizvoll sein, zwei andere zeitgenössische Künstler, die sich jedoch in Musik respektive Liedern ausdrücken, zur Abrundung des Themas heranzuziehen. Dies liegt umso näher, als sich die Lieder in ihrem Inhalt explizit mit dem Kunstschaffen und dessen Erneuerung an der Nordwestküste beschäftigen, wobei dem Holzschnitzen und dem Weben ein besonderer Platz eingeräumt wird.

Die Lieder sind auf der ausleihbaren Tonkassette (vgl. Kapitel «Musik», S. 128) zu hören.

Die Schüler/innen setzen sich mit dem Inhalt und musikalischen Vortrag der Lieder von Willie Dunn und David Campbell auseinander (für Oberstufe evtl. Übersetzung des englischen Originaltextes unter Zuhilfenahme der deutschen Fassung).

Der Holzschnitz-Künstler
Dieses Lied wird vom kanadischen Sänger Willie Dunn, ein Micmac/Metis aus Restigouche/Quebec, gesungen. Es ist eine Referenz an den Kwakiutl-Künstler Mungo Martin, der auch die meisten traditionellen Lieder auf der ausleihbaren Musikkassette singt.

Mungo Martin war nach Kwakiutl-Art ein äusserst gebildeter Mensch: Er war nicht nur einer der angesehensten Künstler und Sänger; er eignete sich auch ein unglaubliches Wissen über traditionelle Bräuche und Zeremonien an. Dadurch wurde er zu einem eigentlichen kuturellen Vermittler zwischen der vergangenen und der gegenwärtigen Kwakiutl-Kultur. Er führte zum Beispiel nicht nur den überlieferten Kunststil weiter, sondern wusste auch ethnologisch viel über die Funktion und Rolle der Tradition sowie die Bedeutung von Objekten.

Der Totempfahl von Kitsilano
Ebenfalls zu Ehren der Künstlers Mungo Martin entstand dieses Lied von David Campbell, das Bezug nimmt auf eines seiner Meisterwerke, den Centennial Totem Pole vor dem Maritime Museum in Vancou-

ver. Der mächtige, über 30 m hohe Totempfahl ist ein Duplikat desjenigen, der Königin Elisabeth II. anlässlich der Jahrhundertfeier des Bestehens der Provinz British Columbia 1958 geschenkt wurde und nun im Windsor Great Park steht.

Die Decke ist zurück
Die Frauen der Coast-Salish waren berühmt für ihre Decken, die sie aus der Wolle der Bergziege und vor allem einer speziellen Hunderasse woben. Als die britisch-kanadische Handelsfirma Hudson's Bay Company billige Wolldecken einführte, verschwand die traditionelle Weberei fast völlig. Seit einigen Jahren blüht sie wieder auf – nun allerdings mit Schafwolle – und hilft nicht nur die wirtschaftliche Misere in den Reservationen zu lindern, sondern auch das Selbstbewusstsein der Salish-Frauen zu stärken.

Joe David – Porträt und Bilder

Der Clayoquot Joe David wurde 1946 im Dorf Opisaht auf der Meares-Insel geboren, die im Tofino Inlet an der Westküste der Vancouver-Insel liegt. Die Clayoquot-Gemeinde ist eine der vierzehn Nootka-sprechenden Bevölkerungsgruppen, die die gebirgige Westküste der Vancouver-Insel bevölkern und sich heute Nuuchah-nulth – «alle Menschen, die entlang der Berge leben» – nennen.

Joe David wuchs in einer traditionsbewussten Familie auf. Sein Vater Hyacinth David war ein begnadeter Redner, Tänzer und Sänger und vermittelte ihm das meiste Wissen über die alte Lebensweise seines Volkes. Joe David erzählt von seinem Vater: «Mein Vater war mein wichtigster Lehrer für alles, was mit Kultur zu tun hatte. Er lehrte mich, Respekt gegenüber Dingen zu haben, die

später das Interesse an der Kunst in mir wecken sollten. Obwohl ich heute fähig bin, die Kunst als ein künstlerisches Mittel zu würdigen, ist es doch mein Vater gewesen, der mir dafür die Augen geöffnet hat.» (1978)

1960 zog die Familie nach Seattle im amerikanischen Bundesstaat Washington. Dank Bibliotheken und Museen wurden ihm viele alte Kunstwerke der Nordwestküste, die noch zu Lebzeiten seines Vaters entstanden waren, vertraut. 1966 besuchte er für zwei Jahre eine Kunstschule in Texas, aber erst nach seiner Rückkehr begann er ernsthaft mit dem Studium der Nordwestküsten-Kunst. Entscheidend war sicher auch, dass er 1969 von der Familie seines Vaters den Namen «Ka-ka-win-chealth» erhielt; damit wollte die Familie seine Hingabe zur Schnitzkunst würdigen, die er als eigenen Beitrag zu seinem kulturellen Erbe versteht. Übersetzt heisst der Name «Übernatürlicher weisser Wolf verwandelt sich in einen Schwertwal».

1971 war für Joe David ein wichtiges Jahr. Er lernte zwei weisse(!) Holzschnitzkünstler aus Seattle kennen, Duane Pasco sowie Bill Holm, die beide den indianischen Nordwestküsten-Stil pflegen. Holm hatte auch eine Professur für indianische Kunst der Nordwestküste an der Universität von Washington in-

ne. So begann er als Duane Pascos Schüler die Holzschnitzkunst zu erlernen und nahm gleichzeitig bei Bill Holm an der Universität von Washington das Studium auf.

Joe David hielt es aber nicht lange in der Grosstadt Seattle aus und kehrte dahin zurück, wo er sich zuhause fühlt. Auf Icha-Chis, einer kleinen und abgeschiedenen Insel gegenüber Tofino, errichtete er

sein Camp. Er liebt es, im Freien zu schnitzen, zwischen den Treibhölzern oder auf den Wurzeln eines grossen Baumes sitzend, umgeben von den Stimmen des Raben und des Adlers, welche zusammen mit dem Plätschern der Wellen die einzigen Geräusche auf der Insel sind. In einer solch traditionellen Umgebung sucht Joe David nach neuen Ausdrucksformen seiner Kunst.

1984 schloss sich Joe David den vielen indianischen Künstlern aus ganz Kanada an, die alle für den Schutz der jahrhundertealten Wälder von British Columbia einsetzten. Er schnitzte eine gigantische Willkommensfigur aus Zedernholz namens Haa-hoo-ilth-quin (Zedermann), die sieben Meter gross ist. Diese Statue wurde vor dem Parlamentsgebäude in Victoria im Beisein von Hunderten von Indianern und Umweltschützern errichtet, die sich der Abholzung auf der Meares-Insel durch die Holzindustrie widersetzten. Der Zedermann steht nicht nur für die Erhaltung der Meares-Insel, sondern ebenfalls für die Bewahrung des gesamten Gebietes und der Gewässer des Nuu-chah-nulth-Volkes.

Heutzutage ist Joe David nicht nur ein Holzschnitzkünstler, sondern er drückt sich mehr und mehr auch zweidimensional (Siebdruck, Acrylmalerei) aus. Sein aussagekräftiger, schwungvoll fliessender, graphischer Stil hat ihn an die Spitze der Renaissance-Bewegung gesetzt, die die indianische Kunst an der Nordwestküste erlebt. Seine Kunstwerke werden gleichermassen von Indianern, Privatsammlern, Museen und Kunstgalerien begehrt.

Erläuterungen zu den Bildern
«Es ist die Aufgabe eines jeden Künstlers, diese übernatürlichen

und natürlichen Gesetze zu deuten, sich selber zu trainieren und in den Interpretationen dieser Gesetze nach Vollkommenheit zu streben. Ich für meinen Teil habe dieses Schicksal angenommen. Ich respektiere diesen Entscheid einer höheren Ordnung. Ich strebe nach der Wahrnehmung eines höheren Bewusstseins. Ich bade in heiligem Wasser. Ich singe heilige Lieder und rezitiere heilige Worte. Die Antworten widerspiegeln sich in meinen Bildern und Holzschnitzereien; mein Handeln widerspiegelt meine Überzeugungen.»

Diese hier ausgedrückte Verbundenheit des Künstlers mit der nicht-menschlichen Welt gründet vor allem in den Mythen und Zeremonien, in denen Tiere und andere Wesen als Lehrer und Quellen des Wissens dienen.

«Ka-ka-win-chealth» ist, wie gesagt, Joe Davids indianischer Name und Joe Davids Transformation, die er übrigens auch in einem Tanz ausgedrückt hat.

Wir folgen im Wesentlichen der Interpretation, die Joe David selbst gegeben hat.

Ka-ka-win-chealth I
Siebdruck, 1977, 57x37 cm

«In einem ersten Bild habe ich versucht, ‹Ka-ka-win-chealth› ganz jung als Welpen (= Wolfsjunge) dazustellen: Der erste Druck soll absichtlich ein Junges zeigen, das fremd in dieser Welt ist; es ist so erstaunt über die Verwandlung ... Es vereinigt zwei Körper in sich. Plötzlich ist es im Wasser und muss sich anpassen, es muss seinen Atem anhalten, er muss die Verwandlung (in einen Schwertwal) beherrschen lernen, damit es nach Belieben von einem Zustand in den andern übergehen kann. In jenem Moment ging mir plötzlich auf, dass dieses Thema mein ganzes künstlerisches Leben begleiten würde und dass ich den ganzen Weg von der Jugend bis zum Alter gehen müsste.»

Ka-ka-win-chealth II
Siebdruck, 1981, 53x48 cm

«Demzufolge ist ‹Ka-ka-win-chealth› im zweiten Bild ein wenig älter und schon etwas erfahrener, nicht so verwirrt, er kennt die Welt bereits. (Deshalb ist hier) die Beherrschung schon besser sichtbar. Jetzt weiss er, wie Verwandlung und Atem zu kontrollieren sind, ob im Wasser oder auf dem Land ... Er ist nicht mehr so verwirrt, eher spielerisch ... Er ist in einem Kreis, einem blauen Kreis, der die Luft, die Welt über dem Wasser, zusammenhält. Selbst wenn der Wal im Wasser ist, muss er an die Oberfläche kommen, um Luft zu schnappen. Auf dem Schwertwal sind weisse und schwarze Flecken sichtbar, so wie dies oft bei Fischen zu sehen ist, die eine weisse Unterseite und einen schwarzen Rücken haben. Es ist eine Tarnung ... Keine Ahnung, woher ich das eigentlich habe ... Es ist aber schon lange her, als ich darüber nachzudenken begann, dass die Schwertwale und die Wölfe ihren Weg selber bestimmten ..., das eine Tier wählte das Land, das andere blieb im Ozean. Wir verstehen immer noch vieles nicht von dem, wie sie miteinander, mit andern Tieren, kommunizieren ... ‹Ka-ka-win-chealth› ist in einem Kreis, er meistert die Situation, er fühlt sich in beiden Welten zu Hause; das ist auch die Bedeutung des Kreises, die Beherrschung der Luft.»

Ka-ka-win-chealth III
Siebdruck, 1985, 76x56 cm

Im dritten Druck hat der Künstler noch eine dritte Dimension hinzugefügt. Wir können den Tänzer, den Menschen, erkennen, der eine Wolf-Kopfmaske trägt. Sein Körper besteht teils aus einem Wal (linke Seite), teils aus einem Menschen (rechte Schulter und Hand) und teils aus einem wolfähnlichen Wesen (rechter Oberschenkel und Pfote). Nach dem kulturellen Verständnis der Nordwestküsten-Indianer ist die persönliche Entwicklung des Namensträgers nun abgeschlossen: Joe David, als Tänzer, ist gleichzeitig Mensch, Wolf und Schwertwal.

Susan A. Point – Porträt und Bilder

Susan A. Point wurde 1952 in die Musqueam-Gemeinschaft, einer Untergruppe der Central-Salish, geboren. Sie wuchs in der gleichnamigen Reservation am Stadtrand von Vancouver auf, wo sie auch heute noch lebt. Während ihrer Kindheit umgab sie ein äusserst traditionelles Leben. Zu Hause sprachen beide Eltern Salish und waren «sehr gute Salish-Tänzer». Susan Point erwähnt, dass sie keine Kostüme oder Masken benutzten, aber ihre Gesichter schwarz oder rot bemalten; je nachdem, welches Tier als Schutzgeist erkoren worden war, wurden dann feine Zeichnungen aus der Grundfarbe herausgekratzt. Während ihrer Schulzeit hatte Susan Point eine grosse Vorliebe für den Kunstunterricht, aber nach der Schule vernachlässigte sie ihr Kunstinteresse weitgehend.

Erst 1981 kehrte sie während eines Schwangerschaftsurlaubes zu ihrer alten Vorliebe zurück. Sie besuchte einen vierwöchigen Kurs, um die Herstellung von Silberschmuck zu erlernen. Dieser Kurs weckte in ihr den Wunsch, den Schmuck im Kunststil ihres eigenen Volkes zu entwerfen. Wie viele ander Künstler der Nordwestküste fand sie in ihrer Familie oder Gemeinde fast keine alten Kunstwerke mehr und musste Museen besuchen, um Vorbilder für ihre Ideen und Schöpfungen zu sehen.

Mit Hilfe des Ethnologen Michael Kew, der mit ihr durch Heirat verwandt ist, fand sie Zugang zu den (Objekt-)Sammlungen der Salish im Museum of Anthropology der Universität von British Columbia in Vancouver und im Provinzmuseum von British Columbia in Victoria. Zudem schaute sie sich unzählige Dias von Sammlungen in der ganzen Welt an.

Ganz im Gegensatz zum Kunstschaffen bei den nördlicheren Nordwestküsten-Völkern, die schon einige Jahrzehnte früher damit begannen, ihre traditionelle Kunst wieder zu beleben, kam für Susan Point eine weitere Herausforderung dazu. Zu jener Zeit war Stan Greene der einzige andere bekannte Salish-Künstler, der mit traditionellen Motiven arbeitete. Es gab sonst aber keine Lehrmeister, und dies bedeutete, dass sie sich

das künstlerische Handwerk zum grössten Teil autodidaktisch aneignen musste. Für Susan Point wurde es deshalb sehr wichtig, sich der Wiedererweckung der Salish-Kunst zu widmen:

«Ich arbeite als eine Coast-Salish-Künstlerin. Ich verwende ganz bewusst die traditionelle Bildersprache, ich erwecke die Motive zu neuem Leben und lasse ihre Geschichte neu aufleben; so versuche ich, die Kunst der Coast Salish von der Vorherrschaft der indianischen Kunst der nördlichen Nordwestküste zu befreien.»

Da die traditionelle Kunst der Coast-Salish mehrheitlich zweidimensional war, fand die Künstlerin in der modernen Siebdrucktechnik ein neues Medium, um die Tradition wieder zu beleben. Zudem eignen sich Siebdruck-Bilder für den Kunstmarkt sehr gut, da sie von der Käuferschaft relativ günstig zu erwerben sind.

Susan Point wollte aber von Anfang an nicht nur einfach für den Kunstmarkt produzieren, um sich unter anderem ein Einkommen zu sichern, sondern ihr wichtigstes Anliegen war es, die Kunst an die junge Generation weiterzugeben. Es freut sie deshalb besonders, dass ihre Kinder offensichtlich Talent zeigen und sich ebenfalls zum Kunstschaffen hingezogen fühlen. Sie hat sich nicht direkt in der «politischen Kunst» engagiert, wie zum Beispiel Lawrence Paul; ihr Hauptziel bleibt die Wiederbelebung der beinahe in Vergessenheit geratenen, traditionellen Salish-Kunst und die damit verbundene Bewusstseinsförderung des Publikums. Lange Jahre arbeitete sie jedoch neben ihrer künstlerischen Tätigkeit als Sekretärin für eine politische Indianerorganisation; zudem war sie Gemeinderätin in ihrer Musqueam-Gemeinde. Inzwischen hat ihre Kunst grossen Anklang gefunden, so dass sie sich ihr seit 1992 voll widmen kann.

Erläuterungen zu den Bildern

Fischen (Fishing)
Siebdruck, 1988, 24x35 cm

Was bei der Betrachtung dieses Siebdruckes gleich ins Auge springt, ist die von der Künstlerin gewollte, ziemlich strenge formale Komposition.

Beginnen wir mit der Waagrechten, die das Bild in ein oberes und zwei untere Drittel teilt. Diese Grenzziehung wird auch durch die Farbgebung besonders betont: der Himmel gelborange oben, das Wasser des Meeres tiefblau unten. Neben der Trennung von Himmel/Luft und Wasser/Meer kann die Waagrechte auch als Horizont aufgefasst werden. So vermittelt uns das kleine, blasse, schemenhafte Boot rechts oben auf der Horizontlinie den Eindruck, als

befinde es sich weit draussen auf dem Meer.

Der Fisch andererseits weist riesige Ausmasse auf, als würde er uns gleichsam in Grossaufnahme präsentieren, und nimmt einen guten Teil des unteren Bildteiles ein. Damit zieht er unsere ganze Aufmerksamkeit auf sich und lässt das von nur knapp angedeuteten Menschen besetzte Boot sehr winzig und zerbrechlich erscheinen. Natürlich dürfen wir annehmen, dass die Künstlerin sich mit Absicht für dieses sehr ungleiche Grössenverhältnis entschieden hat.

Aufgrund der lachsroten Einfärbung des Fisches handelt es sich um einen Lachs; dies soll uns wohl an die grosse Bedeutung dieses Fisches für die Nordwestküsten-

Indianer erinnern. Bekanntlich bildet(e) er für diese nicht nur eine wichtige Grundnahrung, die bis heute dank der industrialisierten Fischerei mit bestens ausgerüsteten Booten und modernen Fabriken zur Verarbeitung eine erhebliche Einnahmequelle – längst nicht mehr nur für die die Indianer – darstellt. Denn wie die Mythen, Erzählungen und künstlerischen Darstellungen zur Genüge beweisen, spielt(e) der Lachs auch im geistigen Universum der Ureinwohner schon immer eine herausragende Rolle.

Insofern könnten wir die Darstellung von Susan A. Point geradezu als eine Hommage (= Huldigung) an dieses Tier betrachten, das mit seinen menschlichen Zügen (man beachte das in dem im Fischkörper weiss ausgesparten Kreis erkennbare Gesicht!) zum Lachsmenschen wird. Die insgesamt sehr fein aufeinander abgestimmte Farbgebung trägt zum Eindruck eines ebenso einfachen wie kunstvollen Bildes bei, das gerade auch im aus den bekannten Formelementen aufgebauten Lachs seine traditionellen Gestaltungsmittel keineswegs verleugnet ...

Biber und der Nerz II
(Beaver and the Mink II)
Offset-Lithographie, 1988,
55x46cm

Im Unterschied zum auf S. 116 abgebildeten Siebdruck fordert diese Serigraphie den Betrachter/die Betrachterin um einiges stärker heraus. Wieder begegnen wir dem diesmal viel deutlicher in Erscheinung tretenden Boot, das zwei geduckte, den Kopf einziehende Figuren mit sehr energischen Paddelschlägen vorwärtsbewegen, und zwar in der Richtung von links nach rechts. Wieder fällt eine Trennung zwischen unten und oben auf, ohne das hier freilich eine Trennlinie nötig wäre. Der Unterschied wird formal in der einfachen Stilisierung des Bootes und dem viel komplizierteren Gebilde, das drei Viertel des Bildes beansprucht, augenfällig.

Über Köpfen und Boot hängt schwer, wenn nicht gar bedrohlich ein kreisförmiges Gebilde, auf dem

«geübte Augen wie auf den alten Spinnwirteln zwei graphische Stufen erkennen können, die sich aus der Nutzung von negativen und positiven Räumen ergeben. Im positiven Raum ist links ein Biber und rechts ein Nerz zu sehen, während zwei Lachse den negativen Raum ausfüllen. Die Abwechslung bei den Farben, dunkelblau für Nerz und Biber, transparentes Türkis und Rosa für die Fische, tragen dazu bei, dass wir optisch zwei Ebenen im Bild zu entdecken glauben.»
Nicht ganz abwegig hat man von einem beinahe surrealistischen Effekt gesprochen, wie man ihn zuweilen auch bei einem M.C. Escher antreffen mag.

Es lohnt sich, noch bei einigen Einzelheiten zu verweilen.

Was mag in den beiden Paddlern vorgehen? Sind sie auf der Flucht, getrieben von der Angst, überwältigt von einer unerhörten (Himmels)erscheinung, die sie sich nicht recht erklären können? Oder steckt noch etwas ganz anderes dahinter?

Möglicherweise kann uns eine Geschichte der Coast-Salish weiterhelfen, aus der ersichtlich wird, weshalb die Lachse das Land mit dem Wasser vertauschten:

«Eines schönen Tages beschlossen die beide Freunde Biber und Nerz, die benachbarten Lachse aufzusuchen, die damals noch auf dem Lande lebten. Sie paddelten mit ihrem Kanu flussabwärts zum Lachsdorf und beobachteten, was diese so trieben. Die beiden langweilten sich bald und kamen schliesslich auf die Idee, den Lachsen einen Streich zu spielen. An einer Hauswand war eine Wiege mit einem Säugling darin, und dieses Baby wollten sie entführen.

Nerz lenkte die Leute mit einer theatralischen Performance (= improvisierte Szene) ab, während Biber einen Tunnel bis zur Wiege an der Hauswand grub, den Säugling heraushob und zum Kanu brachte. Mit einem lauten Signal rief er Nerz ins Boot zurück, und die beiden machten sich schnellstens davon. Als die Lachsmutter entdeckte, dass ihr Kind verschwunden war, stürzten sich alle Lachse ins Wasser und folgten den Spuren, die Biber und Nerz legten, indem sie laufend Stücke der Säuglingskleidung ins Wasser warfen. Schliesslich legten die beiden das Baby bei der Quelle des Flusses ins Wasser und verschwanden. Die Lachse, die den Strom hinaufschwammen, fanden das Kind unversehrt. Da sie müde waren, blieben sie über Nacht bei der Quelle. Am andern Tag bemerkten sie erstaunt, wie schön die Landschaft an dieser Flussquelle war. Von diesem Tag an lebten die Lachse nur noch im Wasser.»

Obwohl sich aus dieser eindrücklichen Geschichte noch einiges mehr herauslesen lässt, als auf dem Bild zu sehen ist, belebt sie unsere Fantasie so stark, dass wir das Bild (noch) besser «lesen» und verstehen lernen.

Woran lassen sich Biber und Nerz voneinander unterscheiden? Von der grossen Bedeutung des Lachses war bereits weiter oben die Rede. Was verkörpern oder symbolisieren Nerz und Biber für die Indianer?

118

Lawrence Paul Yuxweluptun – Porträt und Bilder

Lawrence Paul wurde 1957 in Kamloops, British Columbia, geboren und gehört zur Gemeinschaft der Cowichan-Salish. Von seiner frühen Kindheit erzählt er wenig; dennoch betont er, er habe durch seine Eltern viel über die traditionelle Lebensweise der Salish erfahren. Und er habe gesehen, wie stark sich seine Eltern sozial und politisch für die Sorgen und Nöte ihres Volkes engagiert hätten. Mit vierzehn durfte er erstmals als Tänzer an einer Reinigungszeremonie teilnehmen. Dabei wurde ihm von seinem Vater das Recht verliehen, die eigentümliche «Sxwaixwe»-Maske zu tragen. So erhielt er den indianischen Namen «Yuxweluptun», Mann der Maske. Drei Jahre später durfte er dann als «Schwarz-Gesicht»-Tänzer in einer Wintergeistzeremonie mittanzen.

Den grössten Teil seines Lebens hat er bisher im Raum Vancouver verbracht. Neben seinem Kunststudium von 1978 bis 1983 an einer angesehenen Kunstschule, wo er 1983 mit einer Auszeichnung in Malerei abschloss, hat sich Lawrence Paul mit den sozialen Problemen der Indianer auseinandergesetzt und unter anderem jahrelang als Gassenarbeiter junge Indianer der verslumten Innenstadtquartiere betreut.

Sein Vorbild ist Martin Luther King, der sein Leben im gewaltfreien Kampf gegen die Unterdrückung seines Volkes verlor. Einer seiner Lieblingsmaler ist der spanische Meister Francisco Goya, dessen Gemälde die Fähigkeit des Menschen zum Schlechten in einer bitteren und schonungslosen Offenbarung darstellen. Genauso wie Francisco Goya bemüht sich Lawrence Paul, die Welt der Ausgestossenen, den Abschaum der verslumten Bordellviertel zu ergründen, und beweist so, dass der Malpinsel manchmal genauso mächtig sein kann wie ein Kugelschreiber. Auf die Frage, warum er in seinen Bildern oftmals die soziale Misere der Indianer darstelle, antwortete er:
«Das Leben als Indianer ist nicht sehr glücklich ... weswegen sollte ich in meinen Gemälden glückliche Themen verarbeiten? Ich habe ja nur an der Oberfläche gekratzt.»

Lawrence Paul ist, wie erwähnt, nicht nur Künstler, sondern auch Tänzer. Gemäss seinen eigenen Aussagen bedeutet ihm das Auftreten als Tänzer für sein Leben und seine Kunst sehr viel. Er fühlt sich mit der spirituellen Erneuerung und dem sozialen Schicksal seines Volkes tief verbunden. Ganz besonders beschäftigen ihn die Zerstörung der Umwelt, die Abholzung der Wälder oder die Ölpest an der Küste Alaskas nach der Strandung des Tankers Exxon Valdez vor ein paar Jahren, Themen, die er in seinen Bildern oft in ironischer oder sarkastischer Art verarbeitet. Auf einem Bild beobachtet zum Beispiel ein Indianer, wie ein paar Weisse versuchen, mit einer Platte das Ozonloch am Himmel abzudecken.

Erläuterungen zu den Bildern

Lawrence Paul spielt in seinen Arbeiten ganz offensichtlich mit Stilelementen des Kubismus und des Surrealismus. Damit hat er den indianischen Künstlern neue Wege eröffnet und uns für die Betrachtungsweise der europäischen Kunstgeschichte frische Impulse gegeben! Es vergingen aber einige Jahre, bis Lawrence Paul von andern Künstlern der Nordwestküste akzeptiert wurde oder bis Museen und Galerien in British Columbia seine Werke ausstellten. Zu sehr ist er von den traditionellen Stilformen abgewichen, und sein kritisches Auge, das die Weissen eben-

119

so wenig wie seine eigenen Leute verschont, hat ihm manchen Ärger gebracht. Der «Indianische Büro-krat» wird beispielsweise mit einem Aktenkoffer dargestellt. Lawrence Paul ironisiert damit indianische Politiker, denen ihr Äusseres, perfekter Anzug mit Kra-watte und «Stressköfferchen», wichtiger zu sein scheint als ihr Auftrag, nach Ottawa zu reisen, um mit der kanadischen Regierung zu verhandeln ...

Indianisches Fischen
(A Native Fishing)

Acryl auf Leinwand, 1988, 114x103 cm

Lawrence Paul hat sich zu diesem Bild wie folgt geäussert: «Ich setzte mich auf einige Fels-brocken nahe am Fluss. Es war ein schöner Tag. Ich skizzierte drei Zeichnungen eines jungen India-ners, der auf unsere traditionelle Art fischte. Ich arbeitete nur ausge-hend von einer der Zeichnungen weiter. Ich glaube, dass dieses Gemälde ein neo-historisches Kunstwerk ist, und zwar, weil es zeigt, wie Indianer immer noch zur Nahrungsversorgung ihrer Familien fischen gehen.

Ich habe diesen Indianer so darge-stellt, dass er als eigentliche sym-bolische Darstellung des ange-stammten Fischereirechtes gilt. Die Indian Brotherhood hat schon jah-relang gegen die Provinzregierung für den Schutz der indianischen Fischereirechte gekämpft und hat noch nicht aufgegeben. Bis zum heutigen Tag sehen sich die India-ner immer noch mit einer rassisti-schen Gesetzgebung konfrontiert, die mit sehr vielen Vorurteilen be-haftet ist. In vielen Gerichtsfällen werden Indianer des Wilderns an-geklagt. Sie können zwar versu-chen, uns Menschenrechte vorzu-enthalten, aber trotzdem sind wir alle Brüder und Schwestern dieses Landes.»

Der Umweltschützer
(The Environmentalist)
Acryl auf Leinwand, 1986,
173x213 cm

Die wie versteinert wirkende Landschaft ist von einem ungewöhnli-
chen Wesen bewohnt, einer halbwegs menschlichen Gestalt, die
offensichtlich zur übernatürlichen
Welt gehört. Dieses Wesen hält einen Stab, welcher an denjenigen
erinnert, der von den neuen Tän-
zern während des Wintertanz-
Initiationsrituals benutzt wird. Dieser «Halkolem» genannte traditionelle Stab ist gewöhnlich oben zu
einem Menschen- oder Tierkopf
geschnitzt und von Rehhufen um-
säumt. Der Tänzer atmet und singt
mit dem Stab, der die Aufgabe eines Schutzschildes hat. «Der Umweltschützer» hat einen durch ein
vollkommenes Ovoid gestalteten
riesigen Kopf – ein Überbleibsel
der traditionellen Stilformen, was
eine Identfizierung der Figur als
Nordwestküsten-Indianer erlaubt.
Ein Loch in seiner Brust lässt ihn
transparent erscheinen: Durch seinen Körper hindurch ist die Landschaft sichtbar. Gemäss Lawrence
Pauls Schwester Connie drückt das
Loch aus, dass die während des
Initialrituals angeeignete übernatürliche Macht verschwunden ist.

Lawrence Paul selbst hat folgende
Erläuterungen zu diesem Bild gegeben:

«Der ‹Umweltschützer› beschäftigt
sich mit Landforderungen und mit
dem Indianer als Umweltschützer.
Ich habe einen Baum symbolisiert,
und die Figuren sind ein Symbol,
das zeigen soll, wie die Erde ausgepresst wird. Der als nicht voll-
ständiger Indianer dargestellte
Umweltschützer ist nicht als sou-
veräne Person anerkannt. Die
Weissen schauen uns Indianer an,
als ob wir nichts seien. Ich zeige
ihnen, was sie sich unter ‹Indianer›
vorstellen.»

Liedtexte von Willie Dunn ...

Der Holzschnitz-Künstler

Es war einmal ein Maler
mit weisen, alten Händen,
er nahm den Schimmer des friedvollen Ozeans
und die Tönung des nebligen Landes,
er nahm die Farbe der Bäume
am Ende des Jahres,
fügte eine Million Blumen hinzu,
all dies verband er immer miteinander.
    Totempfähle und Potlatch-Gefässe,
    lange Kanus und Fischschwärme.

Und dann war er auch ein Bildhauer,
und wie die Holzspäne nur so flogen,
wenn er an seinen Baumstämmen schnitzte.
Und er sang das Wiegenlied,
er sang von den alten Tagen,
als die Leute ihren Reichtum verschenkten.
Aber die Zeit des Gebens ist vorbei,
nun kam die Zeit der Beschlagnahmung von
    Totempfählen und Potlatch-Gefässen,
    langen Kanus und Fischschwärmen.

Und dann erzählte er die Geschichte,
die er vor langer Zeit gelernt hatte,
von Inseln, die verschwommen aus
dem blauen Pazifik auftauchen,
Geschichten vom Gebirge,
dem Wind und dem Meer,
den Booten, Segelschiffen und vom Walfang,
festgehalten in den Bäumen.
    Totempfähle und Potlatch-Gefässe,
    lange Kanus und Fischschwärme.

Die Schöpfung kommt in die Täler,
die Schöpfung besucht die Küsten,
die Schöpfung atmet,
und so erhebt sich der Wind.
Die Schöpfung schläft nie,
die Schöpfung stirbt nie.
    Totempfähle und Potlatch-Gefässe,
    lange Kanus und Fischschwärme.

The Carver

Once there was a painter,
With wise and aged hands,
He took the hue of the peaceful ocean,
And the lay of the misty land,
He took the colour of the trees,
On their seasons journey's end,
Add a million flowers,
With which he'd always blend
    Totem poles and potlatch bowls,
    Long canoes and fishing shoals.

And then he was a carver,
And how the chips did fly,
He carved up his trees.
And he sang the lullaby,
He sang of the old days,
When they gave their wealth away.
But it's past the time of giving,
And now the age of taking ...
    Totem poles and potlatch bowls,
    Long canoes and fishing shoals.

And then he told the story,
Which he'd learned so long ago,
of misty isles arising from
The blue pacific ocean,
Tales of the mountain,
The wind and the sea,
Boats and sails and whaling tales,
Recorded in the trees.
    Totem poles and potlatch bowls,
    Long canoes and fishing shoals.

Creation haunts the valleys,
Creation haunts the shores,
Creation breathes the breath,
And so the wind gives rise.
Creation never sleeps,
Creation never dies.
    Totem poles and potlatch bowls,
    Long canoes and fishing shoals.

... und David Campbell

Der Totempfahl von Kitsilano

Ich betrachte dich im abendlichen Sonnenlicht,
Du ragst hinauf, wo die Adler fliegen.
Mungo, Deine Magie reckt sich noch aufrecht
In den Stadthimmel, hinauf in den Stadthimmel.

Über das Museumsdach ragst du hinaus,
Deine Gesichter wenden sich zum Land hin.
Ich wünschte, du wendest dich zum Meere hin;
Ich weiss, dorthin hast Du die Augen ruhen lassen,
Über den Stadtsand weit hinweg.

Totempfahl von Kitsilano,
Du bist umkreist vom Citykrieg,
Aber noch stehst du hoch und gerade.
Ich möchte, dein Land bliebe immer grün
Unter dem Abendstern.

Ich schaue hinauf, am Bären und Raben vorbei
Und an andern Figuren, welche ich nicht kenne.
Immer noch fühle ich eine alte Kraft,
Welche mich zu einer andern Welt zieht,
Wohin ich eines Tages wohl hingehen werde.

Mungo, Du warst ein Kwakiutl-Künstler;
Die Stimme Deines Volkes war in Deiner Hand,
Ein Gestalter der Welt um Dich herum,
Dein Lied ist geschrieben an den Zedernstämmen,
die hoch aufragen über das Land.

Totem Pole of Kitsilano

I look at you in the evening sunlight,
Reaching up where the eagles fly.
Mungo your magic's still a-standing
Up in the city sky tonight, up in the city sky.

Above the museum roof you stand,
Your faces turned towards the land.
I want to see you face the sea;
That's where you'd rest your eyes, I know,
Beyond the city sand.

Totem pole of Kitsilano,
You're circled by the city war
But still you stand so tall and straight.
I wish your land was only green,
Under the evening star.

I look up past the bear and raven
And other faces I don't know.
Still I feel an ancient power
That pulls me to another world,
Where one day I may go.

Mungo, you were a Kwagiulh carver;
Your people's voice was in your hand,
A shaper of the world around you,
Your song written on cedar poles,
So tall upon the land.

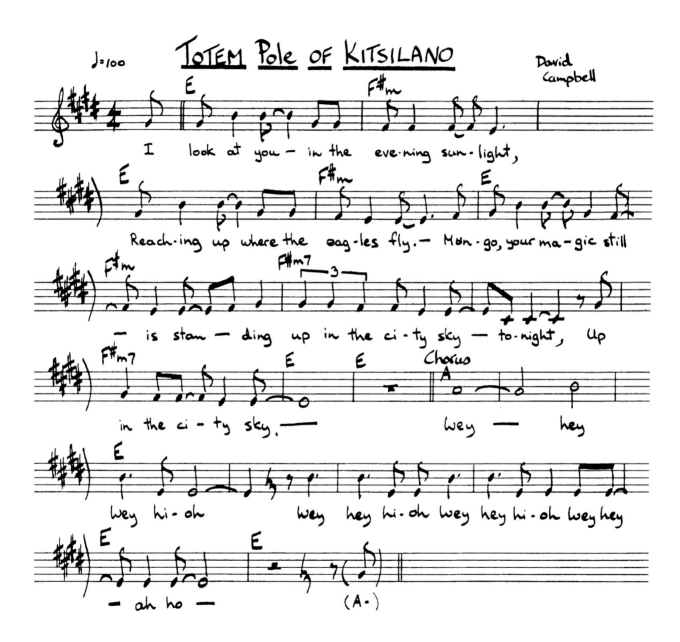

Die Decke ist zurück

Salish-Frauen, zurück bringen wir
Die Magie aus der Hand der Weberin.
Ein Stück des Volkes bringen wir zurück,
Stolz wie zuvor wandern wir durchs Land.

Chor:
Die Decke ist zurück, die Decke ist zurück,
Wir wollen nie mehr eine von der Hudson Bay,
Die Decke ist zurück, die Decke ist zurück,
Und wir werden sie nie mehr verlieren.

Mein wolliger Hund ist dahingegangen
Und wird mich nie mehr an meiner Tür begrüssen.
Seine Wolle war weiss, seine Wolle was fein,
Aber ich werde ihn nie mehr sehen.

Über zwei Ketten und unter einer,
Mein kleiner Webstuhl singt heute süss.
Über zwei Ketten und unter einer,
Meine Decke wird heut' noch fertig sein.

The Blanket's Back

Salish women, we bring back
The magic of the weaver's hand.
A piece of the people we put back,
As proud once more we walk the land.

Chorus:
The blanket's back, the blanket's back,
Don't want no Hudson Bay no more.
The blanket's back, the blanket's back,
And we won't lose it anymore.

My wooly dog has gone away
No more to meet me at my door.
His wool was white, his wool was fine,
But I won't see him anymore.

It's over two under one,
My little loom sings sweet today.
It's over two under one,
My blanket will be done today.

The Blanket's Back

David Campbell

Sa-lish wo-men, we bring back the ma-gic of the

wea-ver's hand, A piece of the peo-ple we put back As

proud once more we walk the land. The blan-ket's back, the

blan-ket's back. Don't want no Hud-son Bay no-more, The

blan-ket's back, the blan-ket's back, And we won't lose it

a - ny - more —— (2. My)
(3. It's)

Musik

1. Begründung und Ziel

Die für unsere Ohren sehr fremd wirkende Musik der Nordwestküsten-Indianer ist aus musikwissenschaftlicher und musikethnologischer Sicht hochinteressant. Die Sänger sind perfekte Künstler mit phänomenalen mnemotechnischen Fähigkeiten, und was als Misstöne hörbar ist, sind sogenannte Mikrotöne, die auch bei der x-ten Wiederholung genau gleich gesungen werden. Die unterschiedlichen Rhythmen von Gesang und Begleitinstrumenten sind kulturell vorgeschrieben und ebenfalls präzise eingesetzt. Fremdheit einer Kultur ist also nicht gleichzusetzen mit «primitiv» oder «unterentwickelt». Entsprechend aufschlussreich und spannend gestaltet sich eine Begegnung mit der Musik und dem Liedgut der Nordwestküsten-Indianer auch für Schülerinnen und Schüler.

2. Thematische Grundinformation

Allgemeines

Die Musik der Nordwestküsten-Indianer ist strengen sozialen Regeln unterworfen. Lieder sind persönlicher (individueller oder familiärer) Besitz, der durch Vererbung, Heirat oder Kauf erworben werden kann. Deshalb wagte es niemand, das Lied eines andern zu singen, denn dies bedeutete Diebstahl und wurde entsprechend bestraft.

Das Sammeln von Musikstücken und Liedern war deshalb nicht einfach. Der Ethnograph, der ja in keinerlei verwandtschaftlicher Beziehung zu den Musik-Besitzern stand, konnte deshalb keinen Anspruch geltend machen, die Lieder auf Tonband aufzunehmen, um so in ihren Besitz zu gelangen. Nur wenn er das Vertrauen und die Freundschaft der Indianer gewann, durfte er auf Geschenke in Form von Liedern hoffen.

Ein Lied wurde von seinem Schöpfer während einer spirituellen Trance, in einer Vision oder in einem Traum empfangen. Einem Lied wurde deshalb spirituelle Macht zugesprochen, und es konnte z.B. bei einer Krankenheilung angewendet werden. Andere Lieder sollten den Erfolg bei der Jagd oder beim Kriegszug garantieren. Um die spirituelle Kraft wirksam werden zu lassen, darf beim Singen kein Fehler gemacht werden. Die Sänger an der Nordwestküste haben eine unglaubliche Präzision in der Liedwiedergabe, wie Versuche gezeigt haben, obwohl der Liedschatz nur im Gedächtnis und in keinerlei schriftlicher Notation festgehalten wurde.

Zur Musik

Die westliche Musik-Notation ist nur mit Modifikationen anwendbar, weil sogenannte Mikrotöne vorkommen; diese haben kleinere als Halbton-Schritte und werden oft als musikalische Misstöne oder gar als Unfähigkeit des Sängers missverstanden.

Die Lieder enthalten Textteile und Refrains, die meist aus Silbenlauten bestehen, die zum Thema des Textes passen. Im Grizzlybär-Lied (Nr. 2) bedeuten die Silben «Na-Na» in der Sprache der Nootka und der Kwakiutl «Grizzlybär", die Silben «Hi-Ho-Hu» sind Laute des Bären.

Zum Rhythmus

Viele Lieder werden a capella gesungen. Eine allfällige Begleitung erfolgt meist mit reinen Rhythmus-Instrumenten. Auffallend für westliche Ohren ist, dass der Rhythmus der Liedstimme und der Rhythmus der Begleitinstrumente bewusst verschieden sind, was als Polyrhythmus bezeichnet wird. Es handelt sich nicht um synkopische Rhythmen und auch nicht um mangelndes Rhythmusgefühl oder fehlende Koordination! Die beiden Rhythmen beginnen nicht gleichzeitig, wobei die Reihenfolge verschieden sein kann. Auch hier handelt es sich nicht um einen Fehler, im Gegenteil, ein gleichzeitiger Beginn würde als schlimmes Vergehen verurteilt, und für den Sänger (= Besitzer) und seine Familie wäre dies ein grosser Prestige-Verlust.

Zu den Instrumenten

An der Nordwestküste werden drei Arten von Instrumenten verwendet: Trommeln, Rasseln (respektive Klappern) und Blasinstrumente.

Trommeln

Man unterscheidet zwei Arten:
a) das Tambourin, meist von den Schamanen oder Schamaninnen verwendet, vor allem in den nördlicheren Gemeinschaften, im Süden in neuerer Zeit mit dem «Hand-Spiel»; b) eine Trommel, die das Aussehen einer länglichen und flachen Holzschachtel hat, von der Hausdecke herabhängt und mit den Fäusten in speziellen Zedernbast-Handschuhen geschlagen wird. Eine einfachere Holztrommel besteht aus einem blossen Brett, das mit z.T. verzierten Holzschlägern geschlagen wird. Manchmal werden auch die Dachbalken als Trommelkörper benutzt.

Rasseln

Die bekanntesten Instrumente sind wohl die Rasseln, die einen Vogel (Raben) darstellen und sehr schön aus Holz geschnitzt sind (s. Dia Nr. 37). Andere Rasseln aus den Hufen von Rehen oder Bergziegen, aus Muscheln und Tierzähnen sind ebenfalls weit verbreitet. Die Tanzgesellschaften verwenden in ihren Winterzeremonien auch Klappern und Schwirrhölzer, um die Laute und Töne bestimmter Tiere oder Geister nachzuahmen oder wiederzugeben. Ein Schwirrholz besteht aus einem länglichen, meist ovalen Stück Holz, das – an einer Schnur befestigt – über dem Kopf im Kreis geschwungen wird. Bei richtiger Konstruktion sollte das Holz sich in seiner Längsachse drehen und so einen brummenden Ton erzeugen.

Blasinstrumente

Die Blasinstrumente werden nur für die Winterzeremonien gebraucht und nicht als Musik-Instrumente oder zur Liedbegleitung. Eine grosse Variation von Einton-Pfeifen – von kleinsten Mundpfeifchen bis zum trompetenartigen «Horn» – wurden zur Erzeugung von Lauten übernatürlicher Wesen und Geister verwendet. 2-Ton- und 3-Tonpfeifen kamen auch vor, doch wurden auf ihnen keine Melodien gespielt.

Ein Spezialinstrument für die Winterzeremonien war ein Blassack, der eng um die Taille getragen wurde; der Träger füllte laufend Luft in den Blassack, an dem eine Anzahl Pfeifen befestigt war. Wenn der Träger einatmete, drückte er mit dem Bauch auf den Blassack und erzeugte so in den Pfeifen Töne, die sehr geheimnisvoll klangen; natürlich erinnert uns dieses Instrument an einen Dudelsack.

Bei den südlichsten Nordwestküsten-Indianern war auch eine kleine Flöte aus Vogelknochen bekannt, auf der zur reinen Unterhaltung Melodien gespielt werden konnten.

3. Anregungen für den Unterricht

Materialien

– Tonkassette mit traditionellen und modernen Liedern
– Dia Nr. 37

Einstiegsmöglichkeiten

● Der Lehrer/die Lehrerin vermittelt der Klasse so viele Informationen über die Eigenart dieser Musik (z.B. Mikrotöne, Rhythmus, Instrumente) gemäss der Hintergrundinformationen, als dies tunlich erscheint.

Das Dia 37 zeigt eine Raben-Rassel.

Thematische Vorschläge

● Anhören ausgewählter Beispiele (gemäss Verzeichnis) aus der Tonbandkassette. Schüler/innen mit musikalischer Vorbildung versuchen das Besondere dieser Art Musik zu charakterisieren.

Verzeichnis der Lieder auf der Kassette

Eine Tonkassette mit einer Auswahl von Liedern der Nordwestküsten-Indianer kann beim Pestalozzianum ausgeliehen werden (vgl. S. 33).

Die Aufnahmen 1–10 wurden von der Musik-Ethnologin Ida Halpern in den Jahren 1947–1953 gemacht. Erschienen sind die Aufnahmen in der Serie «Folkways Ethnic Library FE 4523», 1967, New York, USA.

1

Wolf-Lied: Das Lied gehört der Wolf-Gesellschaft der Kwakiutl. Gesungen von Mungo Martin (1880-1962), Kwagu'l-Kwakiutl, Fort Rupert, Vancouver-Insel: 2'01"

2

Grizzly-Lied: Der Grizzlybär hat einst die zerstrittenen Menschen vereinigt, weiss aber auch zu kämpfen und hilft, Angstgefühle zu überwinden. Gesungen von Mungo Martin und seiner Frau Abayah: 2'15"

3

Rabe-Lied: Der Rabe ist ein verehrter Kulturheros, der den Menschen das Feuer und den Lachs brachte, der das Frischwasser und die Flüsse schuf, das Tageslicht befreite und mit seinem Schalk und seinen Streichen Humor zeigte. Das Lied sei über 300 Jahre alt. Die Silben «Kama-Ka-Kei» sind Raben-Laute. Gesungen von Mungo Martin: 2'56"

4

Potlatch-Lied: Das rhythmische Geräusch ist das Hände-Klatschen, womit der Sänger den Text und nicht die Melodie (!) begleitet. Gesungen von Billy Assu (1867–1965), Chef der We-wai-kai-Kwakiutl in Cape Mudge, Quadra-Insel (in der Georgia Strait): 1'35"

5

Hamatsa-Lied: Wenn bei einer Hamatsa-Zeremonie ein neues Mitglied in den Hamatsa-Bund aufgenommen werden soll, wird dieses Initiationslied gesungen. Alle Anwesenden haben still und aufmerksam zuzuhören. Es ist das Lied des grossen Hamatsa-Vogels (vgl. Dia Nr. 25). Dieses Lied ist von Abayah, der Ehefrau von Mungo Martin, in die Ehe gebracht worden; sie selbst hat es von ihrem Onkel geerbt. Gesungen von Mungo Martin: 1'10"

6

Trauer-Lied: Wenn ein Oberhaupt der Kwakiutl stirbt, wird u.a. dieses Lied gesungen. Gesungen von Mungo Martin: 5'24"

7

Lied der kleinen Schamanin: Dieses Lied wurde aufgenommen, als Billy Assu seine Cousine ans Krankenlager seiner Frau rief, um mit dem Lied zur Heilung der Krankheit beizutragen. Gesungen von Mary Wamish, der Cousine von Billy Assu, We-wai-kai-Kwakiutl, Cape Mudge, Quadra-Insel: 1'30"

8

Liebes-Lied: Dieses Liebes-Lied hat Mungo Martin für seine Frau Abayah komponiert. Gesungen von Mungo Martin: 4'05"

9

Wiegen-Lied: Dieses Lied gehört der Enkelin von Mungo Martin und besagt, dass das Kind in der Wiege nicht weinen soll, sondern ruhig schlafen, denn es bestehe keine Gefahr. Gesungen von Mungo Martin: 4'11"

10

Baby-Lied: Der Vater oder Grossvater singt dieses Lied, wenn er sein Kind oder Enkelkind auf dem Schoss trägt und mit ihm spielt. Gesungen von Dan Cranmer (1882–1959), ein Chef der Nimpkish-Kwakiutl, Alert Bay. Er singt sein eigenes Lied, das ihm als Kleinkind jeweils gesungen wurde: 2'15"

11

Der Holzschnitz-Künstler: Das moderne Lied «The Carver» wird vom kanadischen Sänger Willie Dunn, ein Micmac/Metis aus Restigouche/Quebec, gesungen. Es ist eine Referenz an Mungo Martin, den hoch angesehenen Maler, Holzbildhauer und Sänger. (Das Lied ist der CD «Willie Dunn – Akwesasne Notes» entnommen; Trikont, Schallplatten GmbH, München 1978; Bestell-Nr. US 00032-2; Vertrieb in der Schweiz: Be Bop Records, Postfach 24, CH-5745 Safenwil): 3'39"

12

Der Totempfahl von Kitsilano

(«Totempole of Kitsilano») wird vom Sänger David Campbell gesungen und ist ebenfalls eine Referenz an den Künstler Mungo Martin. Das Lied nimmt Bezug auf eines seiner Meisterwerke, den über 30 m hohen «Centennial Totem Pole» in Front des Maritime Museum in Vancouver:
3'16"

13

Die Decke ist zurück («The Blanket's Back») von David Campbell bezieht sich auf die Frauen der Coast-Salish, die für ihre Decken berühmt waren, die sie aus der Wolle der Bergziege und vor allem einer speziellen Hunderasse woben. Seit einigen Jahren blüht die traditionelle Decken-Weberei wieder auf – nun allerdings mit Schafwolle:
1'58"

(Beide Lieder von David Campbell sind der Kassette «People of the Salmon» entnommen, die vom Vancouver School Board 1986 zusammengestellt wurde. Die Autoren danken für die Gewährung des Kopierrechtes.)

Anhang

Kommentiertes Literaturverzeichnis

Die Sach- und Fachliteratur über die Nordwestküsten-Indianer ist so umfangreich wie über die bei uns bekannteren Prärie- und Plains-Indianer. Die folgende Liste stellt deshalb eine Auswahl dar, die eine erste Vertiefung in Teilbereiche ermöglichen soll. Sie beschränkt sich nicht auf die wenigen deutschsprachigen Werke, sondern führt auch englischsprachige auf. Jeder Titel ist mit einem knappen Kommentar versehen, was die Auswahl im Hinblick auf spezielle Zwecke erleichtern soll. Die meisten Bücher sind über den Buchhandel beziehbar oder können z.B. in der öffentlich zugänglichen Bibliothek des Völkerkundemuseums der Universität Zürich eingesehen oder ausgeliehen werden.

Urgeschichte

Fagan, Brian M. (1992): Die ersten Indianer: Das Abenteuer der Besiedlung Amerikas. München (Beck-Verlag)

Fagan, Brian M. (1993): Das frühe Nordamerika: Archäologie eines Kontinents. München (Beck-Verlag)

Snow, Dean (1976): Die ersten Indianer, Archäologische Entdeckungen in Nordamerika. Bergisch Gladbach (Lübbe Verlag)

Drei gut lesbare Sachbücher über die Besiedlung und Entwicklung des urgeschichtlichen Amerika; reich illustriert; ab ca. 14 J.

Allgemeine Publikationen zur Völkerkunde Nordamerikas und zum Nordwestküsten-Areal

Bancroft-Hunt, Norman (Text) und *Forman,* Werner (Photos) (1980): Totempfahl und Maskentanz. Die Indianer der pazifischen Nordwestküste. Freiburg (Herder Verlag)

Eines der wenigen deutschsprachigen Sachbücher, allerdings mehr historisch und auf die materielle Kultur orientiert; ab ca. 14 J.

Bruggmann, Maximilien (Photos) und *Gerber*, Peter R. (Text) (1987): Indianer der Nordwestküste. U. Bär Verlag: Zürich

Ein reich illustriertes Sachbuch, von der Urgeschichte bis zur Gegenwart, inklusive über traditionelle und zeitgenössische Kunst und Künstler/innen; ab ca. 14 J.

Drucker, Philip (1965): Cultures of the North Pacific Coast. New York (Harper & Row)

Ein umfassender, fachlicher Überblick.

Farb, Peter (1988): Die Indianer. Entwicklung und Vernichtung eines Volkes. Frankfurt a/M und Berlin (Ullstein Sachbuch 34541)

Ein engagierter Überblick zur Ethnographie und Geschichte Nordamerikas; ab ca.14 J.

Josephy, Alvin M. Jr. (1996): 500 Nations. Die illustrierte Geschichte der Indianer Nordamerikas. München (Frederking und Thaler)

Ein reich bebildertes Geschichtsbuch aus der Sicht der Ureinwohner verfasst, für Lehrer/innen und Schüler/innen zu empfehlen; ab ca. 14 J.

Lindig, Wolfgang und *Münzel*, Mark (1985): Band 1: Nordamerika. Aus: Die Indianer. Kulturen und Geschichte, 3. erw. Auflage in 2 Bänden. München (dtv-Taschenbuch 4434)

Ein empfehlenswertes Sachbuch, systematisch gegliederter Inhalt, für Lehrer/innen und Schüler/innen geeignet; ab ca. 14 J.

Sturtevant, William C. (Hrsg.; ab 1978): Handbook of North American Indians. 20 Bände, Washington, D.C. (Smithsonian Institution; bis dato: Nr. 4: History of Indian-White Relations; Nr. 5: Arctic;

Nr. 6: Subarctic; Nr. 7: Northwest Coast [1990];
Nr. 8: California; Nrn. 9 und 10: Southwest I und II;
Nr. 11: Great Basin; Nr. 15: Northeast; Nr. 17:
Languages)
Für fachlich sehr interessierte Laien und für Spezialisten ein «Muss».

Thomas, David Hurst und *Thaler,* Monika (Hrsg.;
   1994): Die Welt der Indianer: Geschichte, Kunst,
   Kultur von den Anfängen bis zur Gegenwart. München (Frederking und Thaler)
Eine beeindruckende Übersicht, reich bebildert und
mit gut verständlichen Texten, für Lehrer/innen und
Schüler/innen geeignet; ab ca. 14 J.

Speziellere Darstellungen über die Nordwestküsten-Indianer

Hier werden Sach-/Fachbücher aufgeführt, die jeweils
Umwelt, Wirtschaft, Sozialordnung, Religion, Geschichte und Gegenwart eines Volkes beschreiben,
oder solche, die eine spezielle Thematik behandeln.

Arima, Eugene Y. (1983): The West Coast People. The
   Nootka of Vancouver Island and Cape Flattery.
   Victoria (British Columbia Provincial Museum)
Ein fachlicher Überblick zur Völkerkunde der
Nootka.

Jonaitis, Aldona (Hrsg.; 1991): Chiefly Feasts. The
   Enduring Kwakiutl Potlatch. New York (American
   Museum of Natural History)
Ein sehens- und lesenswerter Ausstellungskatalog
zum Thema Potlatch.

Ruby, Robert H. und *Brown,* John A. (1993): Indian
   Slavery in the Pacific Northwest. Spokane (The Arthur H. Clark Company)
Eine umfassende Fachstudie zur Sklaverei, die das
Klischee der egalitären und «harmonischen» Indianer
relativiert.

Seguin, Margaret (Hrsg.; 1984): The Tsimshian. Images of the Past: Views for the Present. Vancouver
   (University of British Columbia Press)

Ein Sammelband von Beiträgen einer Konferenz über
die Themen Geschichte, Sozialordnung, Religion und
materielle Kultur und über ihre Bedeutung für die Gegenwart der Tsimshian.

Stearns, Mary Lee (1981) Haida Culture in Custody.
   The Masset Band. Seattle (University of Washington
   Press)
Ein anspruchsvolles Fachbuch über den Kulturwandel
bei den Haida.

Steltzer, Ulli (1984): A Haida Potlatch. Seattle (University of Washington Press)
Ein photographisches Dokument des zweitägigen Potlatch, den der Künstler Robert Davidson im November 1981 durchführte und dabei den Nootka-Künstler
Joe David in seine Familie adoptierte.

Stewart, Hilary (1977): Indian Fishing. Early Methods
   on the Northwest Coast. Vancouver (Douglas &
   McIntyre)
Ein Sachbuch über Methoden, Techniken und Geräte
der traditionellen Fischerei an der Nordwestküste, mit
vielen informativen Illustrationen.

Suttles, Wayne (1987): Coast Salish Essays. Seattle
   (University of Washington Press)
Ein Sammelband mit Vorträgen und Fachartikeln über
die Coast-Salish, die der Autor zwischen 1951 und
1984 gehalten und geschrieben hatte; er vertrat die
«ökologischen These», dass die Kultur vom jeweiligen Ökosystem geprägt werde, und beeinflusste
nachhaltig die Forschung über die Nordwestküsten-Indianer.

Weltbild und Religion

Boas, Franz und *Hunt,* George (Hrsg.; 1994): Die
   fremde Welt der Kwakiutl. Indianische Mythen der
   Nord-Westküste Kanadas. Berlin (Verlag Clemens
   Zerling)
Eine Sammlung von Kwakiutl-Mythen und -Erzählungen, die erstmals 1935 vom berühmten Kwakiutl-Forscher Boas und seinem Kwakiutl-Informanten Hunt
gemeinsam herausgegeben worden ist.

Cameron, Anne (1993): Töchter der Kupferfrau. Mythen der Nootka Indianerinnen und andere Frauengeschichten. Frauenfeld (Verlag Der Bärenhüter im Waldgut)
Die Entstehung der Welt und die Erfahungen der Geschichte und der Gegenwart aus der Sicht indianischer Frauen; ab ca. 14 J.

Erdoes, Richard und *Ortiz,* Alfonso (Hrsg.; 1984): American Indian Myths and Legends. New York (Pantheon Books)
Eine umfangreiche Sammlung von Mythen und Erzählungen aus ganz Nordamerika mit genauen Quellenangaben, Register und weiterführender Bibliographie.

Gerber, Peter R. (1988): Der Indianer – ein homo oekologikus? In: F. Stolz (Hrsg.) Religiöse Wahrnehmung der Welt, S. 221–244. Zürich (Theologischer Verlag)
In diesem Artikel wird das Klischee des umweltschonenden Indianers kritisch diskutiert und speziell die Entstehungsgeschichte der angeblich von Chief Seattle gehaltenen Rede skizziert, die in der heute publizierten Version ein Produkt weisser Autoren ist; ab ca. 14 J.

Kaiser, Thomas (Hrsg.; 1983): Rabe. Eine Sammlung von Mythen und Geschichten aus Nordamerika und Sibirien. Hamburg (Verlag Michael Kellner)
Der Rabe spielt ein zentrale Rolle im Schöpfungsmythos der Nordwestküsten-Indianer; als Schelmenfigur gibt er Stoff für viele unterhaltsame Geschichten; ab ca. 12 J.

Konitzky, Gustav A. (Hrsg.; 1963): Nordamerikanische Indianermärchen. Düsseldorf (Diederichs Verlag)
Eine Zusammenstellung von 60 Märchen bzw. Legenden und Mythen von 43 indianischen Gemeinschaften, mit Nachwort und Bibliographie; ab ca. 10 J.

Müller, Werner (1955): Weltbild und Kult der Kwakiutl-Indianer. Wiesbaden (Franz Steiner Verlag)
Das einzige auf deutsch erschienene Fachbuch über die Religion eines Nordwestküsten-Volkes; ab ca. 16 J.

Stein, Gerd (Hrsg.; 1984): Ethnoliterarische Lesebücher. Band 1: Die edlen Wilden; Band 2: Exoten durchschauen Europa; Band 3: Europamüdigkeit und Verwilderungswünsche. Frankfurt a/M (Fischer TB 3071, 3072, 3073)
Eine Materialsammlung zur Mythologisierung und Mystifizierung des Indianers und anderer «edler Wilden»; ab ca. 12 J.

Walens, Stanley (1981): Feasting with Cannibals. An Essay on Kwakiutl Cosmology. Princeton (Princeton University Press)
Eines der wenigen Fachbücher über die Religion der Nordwestküsten-Indianer; dieses anspruchsvolle Buch ist spezifisch aus der Sicht der Kwakiutl über ihr Weltbild und ihre Religion geschrieben.

Kunst und Künstler/innen

Bolz, Peter und *Peyer,* Bernd (1987): Indianische Kunst Nordamerikas. Köln (DuMont)
Ein aktueller Überblick über das traditionelle und moderner Kunstschaffen der Ureinwohner Nordamerikas; ab ca. 14 J.

Gerber, Peter R. und *Katz-Lahaigue,* Vanina (1989): Susan A. Point, Joe David, Lawrence Paul. Indianische Künstler der Westküste Kanadas. (Native Artists from the Northwest Coast). Zürich (Völkerkundemuseum der Universität Zürich)
Eine Ausstellungspublikation mit einer Einführung in die traditionelle und moderne Kunst der Nordwestküsten-Indianer; ab ca. 14 J.

Haberland, Wolfgang (1979): Donnervogel und Raubwal. Die indianische Kunst der Nordwestküste Nordamerikas. Hamburg (Hamburgisches Museum für Völkerkunde und Hans Christians Verlag)
Ein reich illustrierter Ausstellungskatalog, vor allem über das traditionelle Kunstschaffen; ab ca. 14 J.

Hall, Edwin S. Jr.; *Blackman,* Margaret B. und *Rickard,* Vincent (1981): Northwest Coast Indian Graphics. An Introduction to Silk Screen Prints. Vancouver (Douglas & McIntyre)

Die moderne Kunstform des Siebdruckes wurde erst in den 60er Jahren an der Nordwestküste populär; in diesem Buch wird anhand von 100 Drucken von 32 Künstler/innen aufgezeigt, wie die Siebdruck-Kunst einerseits in der traditionellen Kunst eingebettet ist, und wie sie sich anderseits aus ihr heraus entwickelt hat.

Hoffmann, Gerhard (Hrsg.; 1988): Im Schatten der Sonne. Zeitgenössische Kunst der Indianer und Eskimo in Kanada. Stuttgart (Edition Cantz)
Ein reich illustrierter Ausstellungskatalog mit vielen lesenswerten Beiträgen über die verschiedenen Aspekte indianischer und Inuit-Kunst; ab ca. 14 J.

Holm, Bill (1965): Northwest Coast Indian Art. An Analysis of Form. Vancouver (Douglas & McIntyre)
Die grundlegende Studie über die formellen Aspekte – Stil, Formen, Ikonographie – der Nordwestküsten-Kunst, die auch als Lehrbuch für indianische Künstler/innen dient!

Macnair, Peter L. und *Hoover,* Alan L. (1984): The Magic Leaves. A history of Haida argillite carving. Victoria (British Columbia Provincial Museum)
Die erst seit den 1820er Jahren entwickelte Kunst der Argillit-Stein-Schnitzereien wird in diesem Band ausführlich kulturgeschichtlich beschrieben.

Macnair, Peter L.; *Hoover,* Alan L. und *Neary,* Kevin (1980): The Legacy. Continuing Traditions of Canadian Northwest Coast Indian Art. Victoria (British Columbia Provincial Museum)
In dieser Publikation einer Wanderausstellung – 1971 in einer ersten Version gezeigt – werden erstmalig 40 meist zeitgenössische Künstler/innen kurz porträtiert und ihre Werke als Erbschaft der künstlerischen Tradition der Nordwestküste dargestellt.

Shadbolt, Doris (1986): Bill Reid. Vancouver (Douglas & McIntyre)
Eine Biographie über den berühmtesten Künstler der Haida, der zusammen mit dem Kunstethnologen Bill Holm massgebend an der Wiederentdeckung und Wiederbelebung der Nordwestküsten-Kunst beteiligt war.

Stewart, Hilary (1990): Totem Poles. Vancouver (Douglas & McIntyre)
Ein Führer zu Totempfählen, die in den Bundesstaaten Alaska und Washington sowie in British Columbia als Repliken oder Neuschöpfungen in den letzten Jahrzehnten auf öffentlichen Plätzen oder als «Kunst am Bau» errichtet worden sind.

Streum, Ralf (Hrsg.; 1993): Der Rabe brachte die Sonne. Moderne Kunst der Indianer Nordwestamerikas. München (Trickster Verlag)
Der Autor porträtiert 13 Künstler/innen anhand von schriftlichen und Tonbandaufzeichnungen sowie mit 12 Farbtafeln und schwarzweiss-Photos; ab ca. 14 J.

Townsend-Gault, Charlotte; *Watson,* Scott und *Paul Yuxweluptun,* Lawrence (Hrsg.; 1995): Lawrence Paul Yuxweluptun. Born to Live and Die on Your Colonialist Reservations. Vancouver (Morris and Helen Belkin Art Gallery, University of British Columbia)
Ein Ausstellungskatalog über einen eigenwilligen Nordwestküsten-Künstler mit grossem politischen Engagement.

Kunsthandwerkliche Techniken

Clark, Karin und *Gilbert,* Jim (1990): Northwest Coast Native Indian Art. «Learning by Doing». Saanichton (Raven Publishing)
Ein Sachbuch über die Schnitzkunst mit genauen technischen Zeichnungen, geeignet für den Unterricht.

Gustafson, Paula (1980): Salish Weaving. Vancouver (Douglas & MyIntyre)
Ein Sachbuch über die Webkunst der Coast-Salish Frauen mit genauen technischen Zeichnungen.

Samuel, Cheryl (1989): The Chilkat Dancing Blanket. Norman (University of Oklahoma Press)
Ein Sachbuch über die webtechnische Herstellung der einzigartigen Chilkat-Decken mit genauen technischen Zeichnungen.

Stewart, Hilary (1984): Cedar. Tree of Life to the Northwest Coast Indians. Vancouver (Douglas & McIntyre)

Ein Sachbuch über die traditionelle Verwendung und technische Verarbeitung von Holz an der Nordwestküste, mit vielen informativen Illustrationen.

Photobände

Curtis Graybill, Florence und *Boesen,* Victor (1983): Ein Denkmal für die Indianer. Edward Sheriff Curtis und sein photographisches Werk über die Indianer Nordamerikas. Reinbek b. Hamburg (Rowohlt TB Verlag)

Curtis war einer der ersten Photographen an der Nordwestküste und hat uns hervorragende Dokumente hinterlassen; ab ca. 10 J.

Fleming, Paula Richardson und *Luskey,* Judith (1993; engl. 1986): Die Nordamerikanischen Indianer in frühen Photographien. München (Beck-Verlag)

Fleming, Paula Richardson und *Luskey,* Judith (1993): Schattenfänger: Die Indianer Nordamerikas in historischen Meisterphotographien. München (Beck-Verlag)

Scherer, Joanna C. und *Walker,* Jean B. (1975): Indianer. Zeitgenössische Photos aus dem Leben der Indianer Nordamerikas 1847–1929. Rüschlikon (Müller Verlag)

Drei informative und dokumentarische Photobände; ab ca. 10 J.

Musik, Tanz, Spiel

Densmore, Frances (1970): The American Indians and their Music. New York (Johnson)

Diese Studie ist eine Zusammenfassung der ausgedehnten Forschungen der Autorin über die Musik nordamerikanischer Indianer, worüber sie mehrere Einzelstudien verfasst hat.

Laubin, Reginald und *Laubin,* Gladys (1977): Indian Dances of North America. Norman (University of Oklahoma Press)

Auch für den Laien bringt dieses Werk eine umfassende Vertiefung des behandelten Themas.

Wickenhäuser, Ruben Philipp (1997): Indianer-Spiele. Spiele der Ureinwohner Amerikas für Kids von heute. Mühlheim an der Ruhr (Verlag an der Ruhr)

Ein Handbuch mit 130 verschiednen Spielen, praktischen Hinweisen und vielen Informationen; ab ca. 10 J.

Geschichte und Gegenwart

Frideres, James S. (1988; 3rd ed.) Native Peoples of Canada. Contemporary Conflicts. Scarborough, Ontario (Prentice-Hall of Canada)

Eine gut lesbare Einführung in die Gegenwartsfragen und -probleme der indigenen Völker Kanadas – Indianer, Inuit und Metis.

Gerber, Peter R. (Hrsg.; 1993): 500 Jahre danach. Zur heutigen Lage der indigenen Völker beider Amerika. Chur/Zürich (Verlag Rüegger und Völkerkundemuseum der Universität Zürich)

Betreffend Nordamerika siehe die vier Beiträge:

Sonja *Schierle:* Nordamerikanische Indianer zwischen Anspruch und Wirklichkeit;

Ludger *Müller-Wille:* Geographische Namen und Souveränität – Kulturelle Behauptung der Inuit in Nunavik, Kanada;

Peter R. *Gerber:* Stagnation oder Fortschritt? Die Selbstbestimmung der Indianer Kanadas;

Peter *Bolz:* Der Ritt nach Wounded Knee – Die Lakota hundert Jahre nach dem Massaker;

ab ca. 14 J.

Kasten, Erich (1990): Maskentänze der Kwakiutl. Tradition und Wandel in einem indianischen Dorf. Hrsg.: Staatliche Museen Preussischer Kulturbesitz, Berlin. Berlin (Dietrich Reimer Verlag)

Eine Ausstellungspublikation; ab ca. 14 J.

Lee, Bobbi (Maracle) (1977): Indian Rebel. Das Leben einer Stadtindianerin aus Kanada. München (Trikont Verlag)

Eine erschütternde Autobiographie einer jungen Metis (Jahrgang 1950) in Vancouver, die heute unter dem

Namen Lee Maracle eine bekannte Schriftstellerin ist; ab ca. 12 J.

Lindig, Wolfgang (Hrsg.; 1994): Indianische Realität. Nordamerikanische Indianer in der Gegenwart. München (dtv wissenschaft 4614)
Ein Sammelband von 15 Fach-Artikeln zur heutigen Lage der Indianer und Inuit Nordamerikas; ab ca. 14 J.

Newell, Dianne (1993): Tangled Webs of History: Indians and the Law in Canada's Pacific Coast Fisheries. Toronto (University of Toronto Press)
Ein Fachbuch über die nach wie vor wichtigste Lebensgrundlage der Nordwestküsten-Indianer, die Fischerei, und über die Auseinandersetzungen ihrer rechtlichen Absicherung.

Rohner, Ronald P. und *Rohner,* Evelyn C. (1970): The Kwakiutl Indians of British Columbia. Case Studies in Cultural Anthropology. New York (Holt, Rinehart and Winston)
Ein gut lesbare Broschüre über eine Kwakiutl-Gemeinschaft in den 1960er Jahren, die aufzeigt, wie sich traditionelle Kulturelemente in der modernen indianischen Gemeinschaft erhalten resp. gewandelt haben.

Tennant, Paul (1990): Aboriginal Peoples and Politics. The Indian Land Question in British Columbia, 1849–1989. Vancouver (University of British Columbia Press)
Ein Fachbuch über die spezifische Landrechtfrage in British Columbia, wo die indianischen Völker weder militärisch unterworfen wurden, noch je Land vertraglich abgaben bzw. als Reservationsland zugesprochen erhielten.

Zeitschriften zu Gegenwartsfragen

Coyote, Informationen und Berichte zur Situation nordamerikanischer Indianer.
Big Mountain Aktionsgruppe e.V., Klenzestr. 5, D-8000 München 5

Incomindios, Zeitschrift plus Nachrichten. Hrsg. von INCOMINDIOS Schweiz, Postfach, CH-8032 Zürich

pogrom, Zeitschrift für bedrohte Völker. Hefte und Broschüren über Ureinwohner bzw. indigene Völker und andere verfolgte Minderheiten rund um den Erdball.
Hrsg. von der deutschen Gesellschaft für bedrohte Völker, Göttingen

Vielfalt, Zeitschrift der Gesellschaft für bedrohte Völker Schweiz. Sennweg 1, CH-3012 Bern

Kinderbücher zum Thema Indianer

Empfehlenswerte Kinder- und Jugendbücher zum Thema «Indianer» finden sich in der regelmässig erscheinende Broschüre «Fremde Welten», hrsg. von der Erklärung von Bern; 11., vollständig überarbeitete Ausgabe 1995. Zürich
Bestelladresse: EvB, Postfach 177, 8031 Zürich

Kommentar zur ausleihbaren Diaserie

1 Skeena-Fluss westlich von Hazelton in der kanadischen Provinz British Columbia (BC); an diesem Fluss leben vor allem Gitksan-Tsimshian.

2 Abendstimmung an der Küste nördlich von Bella Bella mit Blick auf das schneebedeckte Küstengebirge: Siedlungsgebiet der nördlichen Kwakiutl.

3 Typischer Regentag an Westküste der Vancouver Island in der Nähe von Tofino: Siedlungsgebiet der Clayoquot-Nuu-chah-nulth.

4 Regenwald bei Sitka, Baranof Island, Alaska, Gebiet der Sitka-Tlingit; vorherrschend sind hier die Sitka-Fichte (Picea sitchensis) und die Gelbe Zeder (auch Alaska-Zypresse; Chamaecyparis nootkatensis), eine Gattung der Zypressen-Familie.

5 In der Bildmitte eine Rote Zeder (Thuja plicata; Lebensbaum), eine andere Gattung der Zypressen-Familie, Hauptlieferantin für die Holzschitzereien (Totempfähle, Kanus etc.).

6 Eine Douglas-Fichte (Pseudotsuga taxifolia), eine weitere wichtige Holzlieferantin.

7 Ein Buckellachs-Schwarm bei Sitka; nach dem Laichen sterben die Lachse; die Verwesung erfolgt in wenigen Stunden und wird sichtbar mit weissen Flecken.

8 Shirley Norris, Angehörige der Coqualeet'za, einer Untergruppe der Stalo-Halkomelem Coast-Salish, filetiert nach traditioneller Art Rotlachse und hängt sie zum Lufttrocknen auf ein überdachtes Gestell, beim Fraser River nahe Harrison, BC.

9 Moderne Fischerboote für den kommerziellen Fischfang im Hafen der Tsimshian-Gemeinschaft von Metlakatla, Südost-Alaska.

10 Der kommerzielle Fischfang wird an der Nordwestküste nicht nur von Indianern betrieben, sondern seit Mitte des letzten Jahrhunderts auch von grossen Fischerei-Konzernen, in denen die lokale indianische Bevölkerung – wie auf diesem Dia ein Kwakiutl – Arbeit findet.

11 Haida-Dorf Skidegate, um 1878; Queen Charlotte Islands, BC.

12 Inneres des Hauses eines Chefs der Konföderation der Mowachaht-Nuu-chah-nulth, am Nootka-Sund, Westküste der Vancouver Island; ein Aquarell von Johann Wäber aus Bern, auch als John Webber bekannt, der 1778 als Dokumentarmaler im Dienste von James Cook auf dessen 3. Seereise stand.

13 Das Freilichtmuseum 'Ksan bei Hazelton wurde 1970 zusammen mit der ersten, rein indianischen Kunstschule (The Northwestcoast Indian Art School) in BC eröffnet und stellt ein rekonstruiertes Gitksan-Dorf um 1800 dar.

14 Typische Wohnhäuser in den heutigen Siedlungen der Nordwestküsten-Indianer, hier in Alert Bay, BC, Hauptort der Nimpkish-Kwakiutl.

15 Pat Alfred, der Gemeindepräsident von Alert Bay im Jahre 1985, mit einem seiner vielen Enkeln.

16 Der Haida-Künstler Robert Davidson (geb. 1946) schnitzte zusammen mit andern Künstlern die Frontseite (mit Frosch-Motiv) eines Grosshauses zur Erinnerung an seinen Ur-Grossvater Charles Edenshaw (1839–1924) in Masset, Graham Island, der Hauptinsel der Queen Charlotte Islands. Das Erinnerungshaus wurde im November 1977 mit einem Potlatch-Fest feierlich eröffnet.

17 Das U'mista Cultural Centre in Alert Bay wurde von den Nimpkish-Kwakiutl im November 1980 eröffnet und ist Museum und Zeremonialhaus zugleich. Die Front zum Meer wurde nach einem altem Chefhaus rekonstruiert und stellt den Donnervogel dar, der einen Schwertwal gefangen hat. Im

Museum sind Potlatch-Güter ausgestellt, die um 1920 konfisziert wurden und 1980 von den kanadischen Bundesbehörden wieder zurückgegeben wurden.

18 Totempfahl-Replika im Stanley-Park, Vancouver; links fünf Kwakiutl-Pfähle und rechts ein Haida-Pfahl (siehe Dia 19).

19 Der Haida-Künstler Bill Reid (geb. 1920) schnitzte im Auftrag der Stadt Vancouver 1964 das Replik des um 1870 erstellten Erinnerungspfahles an den Haida-Chef Skedans von Skidegate, Queen Charlotte Islands; der Pfahl steht im Stanley-Park, Vancouver. Hinter dem Querbrett war im Originalpfahl eine Höhlung, worin die sterblichen Überreste des Verstorbenen ein Jahr nach seinem Tode «begraben» wurden.

20 Erinnerungspfahl für Jonathan Hunt (1874–1973), einem der grossen Künstler der Kwakiutl. Sein Urenkel Tony Hunt (geb. 1942) erfüllte ihm den Wunsch, dass nach seinem Tode ein Erinnerungspfahl geschnitzt werde; zusammen mit seinem Cousin Calvin Hunt (geb. 1956) sowie mit John Livingston und Peter Knox schuf er einen rund acht Meter hohen Totempfahl (im Kwakiutl-Stil), der auf dem Friedhof von Alert Bay, errichtet wurde. Die Aufrichtung wurde mit einem sechstägigen Fest mit Potlatch und mit andern Zeremonien gefeiert, wobei u.a. gewisse Erbrechte und Privilegien eines traditionellen Chefs, die Jonathan Hunt besass, an Tony Hunt übertragen, d.h. offiziell vererbt wurden.

21 «Kunst am Bau»: Totempfahl von Dale Marie Campbell (geb. 1956), einer Tahltan-Tlingit; er wurde 1982 vor dem Künstler-Atelier des Museum of Northern British Columbia in Prince Rupert errichtet. Der Künstlerin haben ihr Bruder Terry Campbell und Alvin Adkins, ein Haida von den Queen Charlotte Islands, assistiert. Künstler/innen der Nordwestküste lernen und beherrschen sehr oft verschiedene regionale Kunststile; dieser Totempfahl ist im Haida-Stil geschnitzt, obwohl die Hauptschnitzerin eine Tlingit ist.

22 «Kunst am Bau»: Totempfahl von Dempsey Bob (geb. 1948), einem Tahltan-Tlingit, vor dem Tongass Historical Society Museum in Ketchikan, Alaska. Er trägt den Namen «Raven Stealing the Sun» und wurde am 23. Mai 1983 errichtet. Der Mythos vom Raben, der die Sonne stiehlt und so der Welt das Tageslicht bringt, wird recht häufig in künstlerischer Form umgesetzt.

23 Zeremonielle Holzmaske der Bella Coola, die gemäss ihrer Religion das höchste aller übernatürlichen Wesen, den Schöpfer Ahlkuntam, darstellt; er schuf die heutige Welt und die Menschen; Indianermuseum der Stadt Zürich.

24 Komokwa-Maske von Bill Henderson (geb. 1950), einem Ligwilda'xw-Kwakiutl, Campbell-River; «U'mista-Kulturzentrum» der Nimpkish-Kwakiutl, Alert Bay. Komokwa ist der Meeresgott, der im «Haus des Glücks» auf dem Meeresgrund lebt.

25 Hamatsa-Rabe-Maske mit beweglichem Schnabel, von Mungo Martin (1881–1962), Kwakiutl; Museum of Anthropology, University of BC, Vancouver. Die Hamatsa-Masken treten in besonderen Zeremonien auf, die im Winter durchgeführt werden. Sie verkörpern verschiedene Vogel-Monster, die Baxbakualanuxsiwae, dem «Menschenfresser-am-Nordende-der-Welt», zu Diensten sind.

26 Tsonoquoa-Maske von Beau Dick (geb.1955), einem Kwakiutl-Künstler, Kingcome, BC, 1988; Völkerkundemuseum der Universität Zürich. Tsonoquoa ist eine riesige mythische Waldfrau, die gerne kleine Kinder frisst. Kwakiutl-Kinder wurden deshalb oft zu Gehorsam gebracht, indem die Eltern mit Tsonoquoa drohten: «Wenn du nicht gehorchst, holt dich Tsonoquoa». Wenn die gefürchtete Waldfrau allerdings im Potlatch-Fest auftritt, verheisst sie Gesundheit und Reichtum.

27 Bärenmaske, ein Potlatch-Objekt und für Winterzeremonien (um 1900); «U'mista-Kulturzentrum» der Nimpkish-Kwakiutl, Alert Bay.

28 Portrait-Maske im Stil der Tsimshian, 1974. Der Künstler Joe David (geb. 1946), ein Clayoquot-

Nuu-chah-nulth, hat diese Maske für sich im Sinne eines Selbst-Portraits geschaffen; Martine Reid, Vancouver.

29 Kronenartige Stirnmaske, Tlingit. Die beiden Figuren stellen einen anthropomorphen Habicht auf einem Schwertwal sitzend dar; letzterer ist erkennbar an der Finne auf dem Kopf; Sheldon Jackson Museum, Sitka, Alaska.

30 Alter Tlingit-Chefhut aus feinen Fichtenwurzeln, mit Hermelinfell. Die Ringe sollen laut einer Interpretation die Anzahl Potlatche angeben, die der Hutträger durchgeführt hat. Abgebildet ist ein Adler oder Gonakadet, ein Meeresmonster; Alaska State Museum, Juneau.

31 Replik des Hutes eines Nuu-chah-nulth-Chef, wie ihn schon Johann Wäber gezeichnet hatte; er zeigt ein Walfangboot der Nuu-chah-nulth, vorn der Chef mit der Harpune. Der Hut ist aus dem Bast der Gelben Zeder wasserdicht geflochten; Indianermuseum der Stadt Zürich.

32 Der Chilkoot-Tlingit-Künstler Nathan Jackson (geb. 1938) im Festornat eines Klan-Chefs: Stirnmaske stellt Raben-Moiety dar, 1985; Ketchikan, Alaska.

33 Harold Jacobs, ein Künstler und junger Tlingit-Chef der Wolf-«Hälfte» in seinem Zeremonialkostüm: Wolf-Hut aus Zedernholz und Donnervogel-Chilkatdecke, 1985; Sitka, Alaska.

34 Mensch in der Muschel, nur 44 mm gross, ausgegraben in der vor 500 Jahren durch einen Erdrutsch verschütten Siedlung Ozette der Makah-Nuu-chah-nulth; Nordwestzipfel der Olympia-Halbinsel im US-Staat Washington; Makah Museum, Neah Bay, Washington.

35 Rabe befreit die Menschen aus der Muschel. Zwei Meter grosse Skulptur aus Zedernholz, die Bill Reid 1980 für das Museum of Anthropology in Vancouver schuf.

36 Eine Holztruhe (Bent-Box) mit Bären-Motiv; 1985 vom Tsimshian-Künstler David Boxley geschnitzt; Metlakatla, Alaska.

37 Rabe-Rassel eines Haida-Schamanen; der kleine Vogel ist ein Habicht; Indianermuseum der Stadt Zürich.

38 David Boxley (geb. 1952) ist nicht nur Künstler, sondern war 1985 als Highschool-Lehrer tätig; unter anderem lehrte er das Freifach «Kultur der Tsimshian»; Metlakatla, Alaska.

39-41 «Ka-ka-win-chealth I, II, III» von Joe David (geb. 1946), einem Clayoquot-Nuu-chah-nulth; diese drei Serigraphien illustrieren seinen indianischen Namen, der «Übernatürlicher weisser Wolf verwandelt sich in einen Schwertwal» bedeutet. Die Siebdrucke entstanden in drei verschiedenen Jahren: 1977, 57x37 cm; 1981, 53x48 cm; 1985, 76x56 cm; Völkerkundemuseum der Universität Zürich.

42 «Memorial Rainbow» (Regenbogen des Gedenkens) von Joe David. Dieser Siebdruck wurde aus Anlass der Gedenkfeier zum einjährigen Todestag von Hyacinth David, dem Vater des Künstlers, geschaffen. Ein Rabe wird dargestellt, wie er zum Flug ansetzt, dabei seine Flügel ausbreitet und seine ganze Federnpracht zeigt. Er durchfliegt einen doppelten Regenbogen. Die Inspiration zum Thema geschah durch eine Vision, die Joe David auf dem Weg durchs Gebirge zum Begräbnis seines Vaters hatte. Siebdruck im Stil einer Trommelbemalung, 1977, 61x48 cm; Völkerkundemuseum der Universität Zürich.

43 «Fishing» (Fischen) von Susan A. Point (geb. 1952), eine Musqueam Coast-Salish, Vancouver; Siebdruck, 1988, 24x35 cm; Völkerkundemuseum der Universität Zürich.

44 «Beaver and the Mink II» (Biber und der Nerz II) von Susan A. Point; Offset-Lithographie, 1988, 55x46 cm; Völkerkundemuseum der Universität Zürich.

45 «Qulqulíl» (Mythische Frau) von Susan A. Point. Qulqulíl lebte als Einsiedlerin im Walde, nachdem sie von ihrem Dorf wegen ihrer aussergewöhnlichen Körpergrösse vertrieben worden war. Eines Tages sah sie eine Schar Kinder am Meeresufer und verspürte den Wunsch, wieder unter Menschen zu sein. Sie überraschte die Kinder, steckte sie in einen Schlangenkorb, den sie auf dem Rücken trug, und brachte sie zu sich nach Hause. Einige Tage später sassen alle um ein Feuer. Die Kinder wünschten, dass Qulqulíl tanzen möge. Sie tanzte ums Feuer, aber plötzlich stürzten sich alle Kinder auf sie, stiessen sie ins Feuer und rannten weg. Qulquíl schrie verzweifelt um Hilfe, konnte sich aber selbst aus dem Feuer retten. Ihr langes, schwarzes Haar hatte jedoch Feuer gefangen; Läuse sprangen von ihrem Kopf und wurden in winzig kleine Vögel verwandelt. Und wie sie so in der düstern Nacht umherflogen, war dies ein wunderbarer Anblick. Siebdruck, 1986, 76x74 cm; Völkerkundemuseum der Universität Zürich.

46 «A Native Fishing» (Indianisches Fischen) von Lawrence Paul Yuxweluptun; Acryl-Bild, 1988, 114x103 cm; Privatsammlung.

47 «The Environmentalist» (Der Umweltschützer) von Lawrence Paul Yuxweluptun; Acryl-Bild, 1986, 173x213 cm; Völkerkundemuseum der Universität Zürich.

48 «Dancing in the Dark, invisible to Mortal Eyes» (Tanzen im Dunkeln, unsichtbar für sterbliche Augen) von Lawrence Paul Yuxweluptun. Er ist nicht nur ein Künstler, sondern auch ein Tänzer. Seine 17-jährige Erfahrung als Schwarzer Tänzer eines Wintergeisttanzes, ein Initiationsritual der Salish, hat es ihm ermöglicht, in das innerste Wesen der indianischen Zeremonietraditionen vorzudringen. Auf dem Bild erkennt man ihn in der zentralen Figur; aus ihm erscheint sein Geist; dahinter trommelt ein Schamane. Gemäss seinen eigenen Aussagen bedeutete diese «Initiationsunterweisung» für sein Leben und seine Kunst sehr viel. Er fühlt sich mit der spirituellen Erneuerung und dem sozialen Schicksal seines Volkes tief verbunden. Acryl-Bild, 1987; 211x141 cm; Völkerkundemuseum der Universität Zürich.

49 Kahlschlag am Cowichan Lake auf der Vancouver-Insel, 1994: ohne gezielte Wiederaufforstung erodiert und versteppt die Landschaft bald.

50 Zellstofffabrik bei Gold River, Vancouver Island, nahe der Siedlung der Mowachaht-Nuu-chah-nulth, 1988. Die Holzindustrie ist eine grosse Umweltzerstörerin in Kanada, besonders an der Nordwestküste: Die Luftverpestung lässt die Wälder sterben, und die Wasserverschmutzung vergiftet die Fischgründe.

Das Thema Indianer in Schweizer Museen

Bern

Bernisches Historisches Museum
(Abteilung Völkerkunde)
Helvetiaplatz 5, 3000 Bern 6
Tel.   031/351 18 11
Fax   031/351 06 63

Öffnungszeiten
Di–So 10–17 Uhr, Montag geschlossen

Eintritt: Fr. 5.–; Kinder bis 16 J. gratis

Ausstellungen
Keine permanente (Indianer-)Ausstellung

Museumspädagogischer Dienst
Kontaktperson: Lisbeth Schmitz

Spezialangebot
Veranstaltungen für Schulklassen im Kursraum mit
Objekten aus der Nordamerika-Sammlung nach
Vereinbarung.
Kosten: Fr. 70.– pro Schulklasse

Burgdorf

Museum für Völkerkunde
Kirchbühl 11, Postfach, 3402 Burgdorf
Tel.   034/422 53 58 (Museum) oder
              034/422 70 35 (Walter Staub,
              Konservator des Museums)
Fax   034/423 46 36

Öffnungszeiten
Mi–Sa 14–17 Uhr, So 11–17 Uhr
Montag und Dienstag geschlossen

Eintritt: nach Ermessen

Ausstellungen
In der permanenten Ausstellung sind ein paar wenige,
attraktive Objekte der Prärie- und Plains-Indianer zu
sehen.

Museumspädagogischer Dienst
Kontaktperson: Walter Staub

Führungen auf Anfrage
Kosten: nach Vereinbarung

Spezialangebot
Ausleihbarer Museumskoffer («Taschenmuseum
Nordamerika») mit fünf Regionen: Arktis (Inuit),
Nordwestküste (Kwakiutl), nordöstliches Waldland
(Irokesen), Plains (Lakota), Südwesten (Hopi).
Ausleihkosten: Fr. 80.–

St. Gallen

Sammlung für Völkerkunde
Museumstrasse 50, 9000 St. Gallen
Tel.   071/244 88 02
Fax   071/244 73 81

Öffnungszeiten
Di–Sa 10–12 und 14–17 Uhr, So 10–17 Uhr
Montag geschlossen

Eintritt: Kinder bis 16 J.: Fr. 2.–; Erwachsene: Fr. 6.–;
Schulklassen der Kantone SG und AR gratis, aus
andern Kantonen Fr. 2.– pro Kind

Ausstellungen
In der permanenten Ausstellung gibt es einen India-
ner- und Inuit-Saal mit fünf Regionen: Prärie- und
Plains-Indianer, Waldland-Indianer, Nordwestküsten-
Indianer, Südwest-Indianer, Inuit.

Museumspädagogischer Dienst
Kontaktpersonen: Roland Steffan, Konservator
Victor Manser, Museumspädagoge

Führungen: auf Anfrage
Kosten: Schulklassen gratis

Spezialangebot
Zwei Wegleitungen zu «Die Indianervölker Nordamerikas» und «Inuit – Menschen unter extremen Lebensbedingungen» (von Roland Steffan); dazu können bei der Kantonalen Medienzentrale des Kantons St. Gallen in Rorschach (Tel. 071/855 75 43; Fax 071/855 75 12) zwei Diaserien ausgeliehen werden, Nr. 11–2109 (Indianer) und Nr. 11–2110 (Inuit).

Zürich

Indianermuseum der Stadt Zürich

Feldstrasse 89, 8004 Zürich
Tel./Fax 01/241 00 50

Öffnungszeiten
Mi, Fr und Sa 14–17 Uhr, Do 17–20 (mit einer öffentlichen Führung um 18 Uhr)
So 10–13 Uhr
Montag und Dienstag geschlossen

Eintritt: Kinder bis 16 J.: Fr. 2.50 (Gruppe:Fr. 2.–/Kind)
Erwachsene: Fr. 5.– (Gruppe: Fr. 4.–/Person)

Ausstellungen
Wechselausstellungen entweder zu aktuellen Themen oder mit repräsentativen Teilen der Sammlung.

Museumspädagogischer Dienst
Kontaktperson: Denise Daenzer, Museumsleiterin
Tina Wodiunig, Museumspädagogin
Kontaktzeiten: Di–Do 14–17 Uhr

Kosten: Führungen für Schulklassen der Stadt Zürich gratis (Eintritt gratis)
übrige Klassen: Fr. 70.– (plus Eintritt)

Spezialangebot
Dreistündiger Workshop mit Museumskoffer («Taschenmuseum Nordamerika») mit fünf Regionen: Arktis (Inuit), Nordwestküste (Kwakiutl), nordöstliches Waldland (Irokesen), Plains (Lakota), Südwesten (Hopi).

Kosten: Fr. 150.– pro Schulklasse (Fr. 100.– für Workshop, der vom Kanton oder von der Stadt Zürich subventioniert wird)

Museumsladen
Grosse Auswahl an Fach-, Kunst- und Kinderbüchern sowie indianische Musik und indianisches Kunsthandwerk.

Völkerkundemuseum der Universität Zürich

Pelikanstrasse 40, 8001 Zürich
Tel.   01/634 90 11
Fax   01/634 90 50

Öffnungszeiten
Di–Fr 10–13 und 14–17 Uhr, Sa 14–17 Uhr,
So 11–17 Uhr, Montag geschlossen

Eintritt: frei

Ausstellungen
Keine permanente (Indianer-)Ausstellung.

Museumspädagogischer Dienst
Kontaktperson: Dr. Peter R. Gerber, für fachliche Beratungen

Spezialangebot
Ausleihbare Museumskisten zum Thema Prärie- und Plains-Indianer und Nordwestküsten-Indianer (Ausleihe über Museumsporte, Tel. 01/634 90 11).

Kosten: Fr. 20.– (plus Fr. 50.– Depotgebühr)

Öffentliche Bibliothek
Grosse Auswahl an Fach- und Sachbüchern (mehrheitlich in Englisch), speziell über kanadische Indianer und ihre Gegenwartssituation.

Öffnungszeiten
Mo 14–16 Uhr, Di 10–13 und 15–17 Uhr,
Mi 14–18 Uhr, Do 10–16 Uhr
Fr 10–12 und 14–16 Uhr
Tel. 01/634 90 31/32

In gleicher Ausstattung zur Differenzierung und Vertiefung des Themas

Aus dem Inhalt

Einführung

Klischees und ihre Korrektur

Der Bezug zu hier und jetzt

Kultur und Geschichte

Die soziale und kulturelle Entwicklung

Der Lebensraum

Die Mandan – ein Prärie-Volk

Die Blackfoot – ein Plains-Volk

Aspekte der Religion

Gegenwartssituation

Die Indianisierung der Erziehung

Die Bedeutung der Religion heute

Wirtschaftliche Bedingungen

Der Kampf um politisch-rechtliche Anerkennung

Vorschläge für den Unterricht

Vorbemerkungen

Der Bison

Jagdmethoden

Wohnformen – Erdhaus und Tipi

Namen und Namengebung

Vom Recht, Indianer zu sein

Zeichensprache

Bilderschrift und Kalender

Beispiele des Handwerks

Musik und Tanz

Spiele

Anhang

Kommentiertes Literaturverzeichnis

Kommentar zur ausleihbaren Diaserie

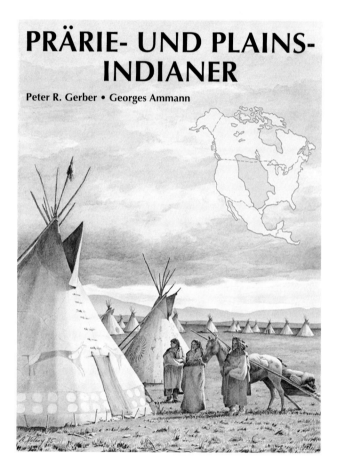

PRÄRIE- UND PLAINS-INDIANER

Peter R. Gerber • Georges Ammann

Peter R. Gerber, Georges Ammann:

Prärie- und Plains-Indianer

Zur Kultur, Geschichte und Gegenwartssituation

Materialien und Vorschläge für den Unterricht

2. überarb. und erweiterte Auflage

Karten, Tab. und Abb., zahlreiche kopierbare Arbeitsblätter und Lesetexte. 148 S., Fr. 28.–

Bezug:

Pestalozzianum Verlag, Beckenhofstr. 33, 8035 Zürich Tel. 01/368 45 45 Fax 01/368 45 96